SÉ TU MEJOR AMIGO

Louis Proto

SÉ TU MEJOR AMIGO

Autoestima, salud y felicidad:
técnicas de superación

Numancia 117-121
08029 Barcelona
España

Título original: BE YOUR OWN BEST FRIEND
Traducción: Marcelo Di Pietro

© 1993 by Louis Proto
© de la edición española:
   1993 by Editorial Kairós, S.A.

Primera edición: Marzo 1994
Sexta edición: Marzo 2007

ISBN-10: 84-7245-289-1
ISBN-13: 978-84-7245-289-3
Dep. Legal: B-12.683/2007

Fotocomposición: Beluga & Mleka. Córcega, 267. 08008 Barcelona
Impresión y encuadernación: Romanyà-Valls. Verdaguer, 1. 08786 Capellades

Ella le conocía y corrió hacia él, le abrazó, y se cogió firmemente de él gritando:

"¡Kai, querido Kai! ¡Al fin te he encontrado!".

Pero él permaneció sentado, inmóvil, rígido y frío. Entonces, la pequeña Gerda lloró lágrimas calientes que cayeron sobre su pecho. Penetraron en su corazón, derritieron la masa de hielo y se desvaneció el pequeño pedazo de vidrio de su ojo.

Entonces él la reconoció y exclamó lleno de alegría:

"¡Gerda, querida Gerda! ¿Dónde has estado todo este tiempo? ¿Y dónde he estado?".

HANS CHRISTIAN ANDERSEN. *The Snow Queen*

AGRADECIMIENTOS:

Quisiera expresar mi agradecimiento a los siguientes editores que me autorizaron a incorporar algunas citas de sus publicaciones.

Celestial Arts, Berkeley, California (*Love is Letting Go of Fear*, de Gerald G. Jampolsky)

Pan Books, Londres (*Juan Salvador Gaviota*, de Richard Bach)

Piatkus Books (*Codependency*, de David Stafford y Liz Hodgkinson)

Centry Hutchinson (*Love, Medicine and Miracles*, de Bernie Siegel)

Las citas del *Tao Te King* corresponden a la versión traducida por Gia-Fu Feng, ilustrada por Jane French y publicada por Wildwood House, Londres.

1. AMARTE A TI MISMO: INTRODUCCIÓN

Enseña sólo Amor, puesto que eso
es lo que eres.

HELEN SCHUCMAN, *Un curso en milagros*

La "alegría", según dice Louise Hay –una extraordinaria californiana que por sí sola se curó de cáncer en seis meses y ahora se dedica a enseñar sus técnicas y difundir su filosofía– "es sentirse bien con uno mismo. Cuando *no* te sientes bien contigo mismo, no te sientes bien, y punto."

Puede que esto sorprenda a algunos lectores. Solemos creer que nos sentiremos felices si tenemos *más* de lo que creemos que queremos, por ejemplo, más dinero, más éxito, más ocio... Pero la verdad es que estas cosas no satisfacen nuestras necesidades más básicas como la de sentirnos aceptados y amados incondicionalmente por lo que somos. Aquello que en realidad necesitamos para ser felices es sentir que tenemos derecho a estar aquí, a estar vivos en este planeta y que, a pesar de los defectos que podamos tener, estamos bien, o al menos tan bien como los demás.

Así como nos hace sentir bien, una imagen saludable de uno mismo hace de la propia vida una tarea mucho más sencilla. Nos podemos sentir más seguros y de buen humor, estar más relajados y de ese modo disfrutar más de la interacción social que si fuésemos tímidos, o estuviésemos tensos o deprimidos. Sólo a través del respeto a sí mismo se obtiene el respeto de los demás. Así conseguiremos los trabajos que deseamos, puesto que nos presentaremos ante eventuales empleadores demostrando todas nuestras capacidades, nos presentaremos como ganadores en vez de perdedores. En lo que concierne a las relaciones íntimas, en dónde nos enfrentamos contra nuestro propio poder, no trataremos de adquirir confianza absorviendo la energía de nuestro compañero, por medio de manipulaciones, creándole sensación de culpabilidad, responsabilizándole o quejándonos. Estaremos más interesados en *jugar con* ellos, en vez de luchar para someterlos a nuestro control, y así nos volveremos personas más divertidas. Y, si te conoces a ti mismo y aceptas quién eres, no tendrás temor ante la intimidad o los compromisos.

El amarte a ti mismo se refleja en la expresión de tu cara, en tu comportamiento y tu expresión corporal, y en aquello que dices acerca de ti... Así comprenderás que tienes el mismo derecho que los demás a poseer tu lugar en el mundo y, en consecuencia, tomarás posesión de él. Te tomarás la molestia de cuidar de ti mismo, de prestar atención a tu salud y, en general, de tratar con atención a tu cuerpo. En el capítulo 5 veremos que tu ánimo, o cómo te sientes contigo mismo, está estrechamente ligado, ya sea para bien o para mal, con lo que le sucede a tu cuerpo.

"Ningún hombre es una isla..."

Tendemos a tratar a los demás de la misma forma en que ellos se tratan a sí mismos, y los demás tienden a tratarnos de acuerdo a las claves secretas que brindamos acerca de cómo esperamos que se nos trate. Si de una manera subliminal y permanente expresas a través de tus palabras y tu cuerpo que no te sientes bien, que te sientes insatisfecho o víctima de recurrentes infortunios, no estás más que invitando a los demás a que te victimicen. No habría verdugos sino hubiese personas que se ofrecen como víctimas.

De forma similar, si estás acostumbrado a tratarte con severidad, tenderás a hacer lo mismo con los demás. ¿Si no confías en ti cómo crees que podrías confiar en los demás? ¿O cómo podrías perdonarlos si no eres capaz de perdonarte a ti mismo? El idioma de la confianza y el perdón serán aguas extrañas por las que jamás habrás navegado. La clase de energía que manifestamos al relacionarnos con los demás es la clase de energía que más tarde recibiremos, aunque multiplicada. "No juzgues y no serás juzgado" es la máxima que resume el modo en el que la energía fluye. En realidad, cada juicio que formulamos acerca de los demás nos dice más sobre nosotros que acerca de ellos: nuestros límites, nuestras carencias y aquello que no nos permitimos ser...

Al sentirte en paz contigo mismo adquieres más espontaneidad, más autenticidad. No es necesario someterse a normas severas, aplicando una autocensura a raja tabla cada vez que se dice algo que deje al descubierto nuestra auténtica forma de ser y pensar. ¿Por qué no darse licencia para expresarse libremente? Para quien se ama a sí mismo no existen "formas imperativas" sino la propia expresión personal. No sentirás que debes satisfacer a todos los que te rodean, hacer lo imposible por ganar su aprobación. Si eres más tolerante ante la crítica, tomándote a ti mismo con menos seriedad, serás menos paranoico, menos susceptible e irritable cuando los demás formulen comentarios acerca de ti.

Recuerda que no puedes satisfacer permanentemente al resto de los humanos. Ésa no es la razón por la cual estás aquí. Estás aquí para cantar tu propia canción, para ser quien eres y, además, para disfrutarlo. De ahí que si no te manifiestas con autenticidad, ¿cómo podrás saber si el amor que te llega es en realidad para *ti* en lugar de para alguna de tus falsas personalidades que desesperadamente estás representando? No hay duda de que es mejor autocomplacerte, convertirte en tu mejor amigo, y permitir que salga el Niño que está dentro de ti para que juegue con toda su frescura e inocencia (ver capítulo 4).

Detrás del malestar que afecta la calidad de vida de muchas personas se halla muchas veces una profunda insatisfacción con uno mismo. Esto afecta desde la salud física y mental hasta el rendimiento y la eficiencia en el trabajo. Este desencanto con la imagen que uno ofrece puede atribuirse a:

• timidez o falta de confianza;
• incapacidad de valerse por sí mismo;
• inhibición de la creatividad;
• deseo excesivo de satisfacer a los demás;
• carencia de conciencia;
• incapacidad de recibir de los demás;
• dependencia, celos o posesividad excesivas;
• adicciones (por ejemplo al alcohol, drogas, promiscuidad, comida);
• paranoia, exceso de sensibilidad a la crítica y proyección de la propia negatividad sobre los demás;
• necesidad de controlar para sentirse seguro;
• conducta autodestructiva, propensión a los accidentes (y si el odio a uno mismo es extremo, incluso suicidio);

• conciencia de víctima (manifestada a través de la envidia, la culpabilización, la manipulación, los resentimientos);
• incapacidad de disfrutar y expresarse, de experimentar alegría y libertad.

Por otra parte, al sentirte *bien* contigo mismo puedes irradiar una imagen más positiva y poderosa. Quienes están satisfechos consigo mismo suelen reflejar:

• confianza y optimismo;
• objetivos y deseos claros –y confianza en que podrán realizarlos sin hacer daño a los demás;
• ausencia de sentimiento de culpa y autorecriminación;
• capacidad de amar y perdonar;
• capacidad de tolerar la intimidad;
• conservación de la propia identidad al relacionarse con otros;
• posesión de preferencias en lugar de adicciones;
• libertad de expresión personal;
• capacidad de disfrutar;
• estado de conciencia desarrollado;
• relativización de la seriedad;
• capacidad de decir "No".

A través de esta obra aprenderás a mejorar tu imagen y a amarte a ti mismo *por lo que eres*, a fin de llegar a poder ser tu mejor amigo. Una vez que seas capaz de llevar a cabo dicha tarea te encontrarás en el camino hacia la felicidad.

2 ¿CUÁL ES EL ESTADO DE TU AUTOESTIMA?

Un corazón feliz es tan bueno como una medicina.

Proverbios, 16, 22

El primer paso en el camino del amor a sí mismo consiste en pensar en el sentido de la autoestima, para poder así dedicarse a mejorarla y fortalecerla.

Con el propósito de someter la autoestima a análisis, responder al siguiente cuestionario de veinte preguntas resulta muy útil:

1. ¿Eres capaz de decir "No" y conservar dicha respuesta?

2. ¿A qué clase de gente envidias, y por qué?

3. ¿Cómo te sientes en relación a tu cuerpo?

4. ¿Cómo evaluarías tu apariencia física?
   a) ¿deslumbrante?
   b) ¿bella?
   c) ¿ordinaria?
   d) ¿fea?

5. ¿Sientes que hay, o ha habido, suficiente amor en tu vida?

6. Cuando alguien te da un regalo que no esperabas, ¿qué respondes?
a) "No deberías haberlo hecho"
b) "¿Qué he hecho para merecer esto?"
c) "Gracias"

8. ¿Te sientes suficientemente apreciado en tu trabajo y en tu hogar?

9. Al comprarte ropa, ¿a qué prestas más atención?
   a) calidad.
   b) precio.

10. ¿Cuándo fue la última vez que te permitiste una extravagancia?

11. ¿Piensas que mereces lo mejor?

12. ¿Qué haces cuando estás enfadado?
   a) ¿disimulas que todo está bien?
   b) ¿te sientes culpable de estar enfadado?
   c) ¿manifiestas el enfado?

13. ¿Eres capaz de "hacerte tu lugar" cuando lo necesitas sin sentirte culpable?

14. ¿Qué sientes cuando compartes tu intimidad con la persona adecuada?
   a) ¿satisfacción?
   b) ¿temor?

15. ¿Eres propenso a los accidentes?

16. ¿Cuál es la clase de gente que te hace sentir incómodo?

17. ¿Te sientes culpable si no satisfaces las expectativas que otros han depositado en ti?

18. ¿Sueles pensar que no tienes suficiente dinero?

19. ¿Te calificarías como una persona autocrítica?

20. ¿Tienes alguna fuente constante de preocupación o angustia?

Es probable que ahora te preguntes qué tienen en común estas preguntas y cuál es la relación con la imagen que tienes de ti mismo. ¿Cuál es, por ejemplo, el vínculo entre la propensión a sufrir accidentes y la constante preocupación de poseer poco dinero? ¿O cuál es la conexión entre la envidia a los demás y ser incapaz de controlar el enfado?

De hecho, sin embargo, *todo* lo que nos sucede está directamente vinculado a la imagen que tenemos de nosotros mismos, puesto que la imagen de uno mismo (cualquiera que sea) es como un filtro a través del cual interpretamos las experiencias. La vida no hace más que *reflejarnos* y, por tanto, vivimos las experiencias que creemos merecer. En pocas palabras, nosotros somos quienes provocamos, aunque inconscientemente, nuestras experiencias.

La propensión a los accidentes constituye un buen ejemplo de ello. Suele estar estrechamente relacionada con el sentimiento de culpa, quizá se retrotraiga a la niñez y la oculta necesidad de expiar dicha culpa a través del castigo. Algunas personas parecen no poder trabajar en la cocina, por ejemplo, sin que le sucedan pequeños desastres: ya sea que se quemen con agua caliente o se hagan daño con un cuchillo al cortar cebolla. Pero si esto sucede con regularidad uno debería comenzar a sospechar acerca de la presencia de un modelo –un fenómeno que se produce recurrentemente– que va más allá de los límites de la torpeza. Amarse a sí mismo supone un imposible cuando uno, en realidad, se odia visceralmente.

Modelos de autodestrucción

La sensación de culpa y la necesidad de inflingirse el castigo supuestamente merecido, cuando están profundamente arraigados, pueden manifestarse de diversas formas. Muy poca es la diferencia que existe entre, por ejemplo, el masoquismo sexual y el espiritual. Sería absolutamente atinado decir que el cilicio y la autoflagelación de los penitentes, a un nivel profundo, pueden brindar tanta satisfacción como los castigos padecidos en el contexto de una relación sexual.

Puede que éstos constituyan ejemplos extremos, pero no por ello dejan de suceder. Algo que ocurre con mayor frecuencia entre quienes parecen odiarse a sí mismos es el sabotaje deliberado de cualquier experiencia agradable que hayan podido tener. Mientras por una parte perciben una experiencia placentera, por otra (cuando operan los mecanismos que no les permiten disfrutar de un momento agradable), procuran de algún modo destruirla. Para ellos las cosas siempre "van mal", y jamás parecen dispuestos a asumir sus propias responsabilidades.

No resulta difícil identificar a estas personas (quizás incluso tú) si se presta atención a algunas de sus expresiones habituales:

"Con la suerte que tengo, no me sorprende..."
"Nadie te da nada en esta vida..."
"Si hubieras tenido los contratiempos que yo he sufrido..."
"¡Otra vez!..."

Este tipo de expresiones forman parte del vocabulario de quienes poseen conciencia de víctima.

Conozco a una mujer, Sheila, que siempre parece tener problemas al marcharse de vacaciones. Un año perdió el pasaporte, otro el dinero en efectivo y los cheques de viaje. Estaba resignada a quedarse encerrada en el hotel..., abandonada a los abatares de "su suerte". Cuando Sheila acudió en busqueda de ayuda (asistencia a una terapia), su "presente problema" no tenía aparentemente ninguna relación con la deteriorada imagen que tenía de sí misma. Su problema era que se sentía desesperadamente infeliz después de haber terminado una relación emocional de varios años de duración. Al analizar el conjunto de sus sentimientos se manifestaron el dolor y la desazón que habitualmente producen las pérdidas de este tipo. Pero el sentimiento que más pena le causaba era el arrepentimiento –de alguna manera creía que por su culpa había perdido al hombre que amaba. "Si solamente no hubiese...", "si solamente hubiera...", "debería haber sido más..." eran la clase de pensamientos con los que se torturaba.

Complejos básicos

Al investigar en profundidad las áreas inconscientes de la personalidad (bien sea por medio de terapia o de la simple introspección), puede llegarse a descubrir el complejo básico que yace debajo de formas aparentemente inconexas de ser y percibir. No me sorprendió que Sheila tuviese dicha "mala suerte" en sus vacaciones, o que su relación hubiese terminado de una forma traumática. Este tipo de experiencias no eran más que la manifestación de su falta de autoestima. Ella sentía (inconscientemente) que no merecía estar contenta, disfrutar y recibir lo mejor de lo que le rodeaba. No permitía que el amor le llegase. No confiaba en él.

Sheila padecía una necesidad constante de reafirmación por parte de su amante que le indujo a la distracción y finalmente a tomar la decisión de dejarla. Ella se había vuelto pegajosa como una lapa y sumisa, se había convertido en una compañera aburrida y había perdido su identidad. De allí que, cuando la relación se acabó, ella se sintiera hundida en la desgracia. La verdad es que ella, en definitiva, había abandonado su identidad porque no la consideraba valiosa.

Fueron necesarias muchas más sesiones de terapia para que Sheila estuviera dispuesta a aceptar que su compañero no la había dejado por ser una "mala persona" sino porque fue su elección de terminar la relación. El paso siguiente fue perdonarle por "hacer su propia vida". Poco después incluso se mostró más segura de sí misma hasta tal punto que, aun con cierta ironía, llegó a expresar: "Bueno, él se lo perdió. Yo estoy bien". También podría haber agregado, según las palabras de la canción de Sondheim, "Yo aún estoy aquí".

Hasta que no desvelemos la complejidad de nuestros complejos básicos seguiremos sometidos a su merced. No dejaremos de repetir, aunque sea de vez en cuando, los mismos modelos de autolimitación y autodestrucción. Tenemos la capacidad de cambiar a nuestros compañeros, pero siempre seguiremos teniendo la misma clase de relaciones y jugando los mismos juegos desesperados. A menos que algo cambie en nosotros, nada cambiará realmente.

La imagen que tenemos de nosotros mismos es el complejo básico más trascendente con relación a la calidad de las experiencias de la vida. A lo largo de los años de trabajo terapéutico, he hallado con bastante frecuencia que ésta constituye la "línea base" de la mayor parte de las personas. Es más, sospecho que, antes que cualquier otro factor, es la incorporación de la "consideración positiva incondicional" del terapeuta por parte del paciente lo que permite la curación de las heridas emocionales. En el capítulo 5 veremos cómo el amor a los demás y el amor a uno mismo pueden curar no sólo emocionalmente, sino también de dolencias físicas.

Si el amor a uno mismo es insuficiente (algo que sucede a muchos de nosotros si hemos de ser honestos, o lo suficientemente conscientes como para admitirlo) surge una sensación extraña, como si se tuviese un "agujero negro" en las entrañas. Nos sentimos vacíos, huecos. Nos volvemos presa fácil de la angustia y la depresión, que pueden conducir a algunas personas hasta el límite del suicidio cuando sienten que no púeden soportar más la situación. Y, ¿ qué es el suicidio sino una última sentencia de castigo? Afortunadamente, estos límites son bastante infrecuentes.

Adicciones

Entre las diversas formas de autodestrucción que existen, las adicciones constituyen un buen ejemplo. Ya sea que la adicción sea al alcohol, las drogas o las relaciones emocionales, los rasgos son muy similares. Lo más importante es que el adicto, de cualquier clase que sea, procure sentirse mejor, intente llenar su "agujero negro" y hacer de la vida, aunque sólo sea por un tiempo limitado, algo que vale la pena experimentar.

Las conductas adictivas son comportamientos que se encuentran fuera de control, en los cuales se reincide a pesar de que conduzcan a consecuencias negativas. No hace falta más que un poco de indulgencia para "colocarnos" o atenuar nuestro grado de sensibilidad.

Una de mis pacientes acostumbraba a comer desmedidamente como forma de defensa contra la angustia. Incluso después de una cena con amigos, Teresa se sentía impulsada a lanzarse a la nevera al regresar a casa y devorar aquello que encontraba. La patología que le afectaba era el odio a su cuerpo. Como era previsible, su vida sexual era un desastre. La educación recibida en un colegio religioso (o al menos, lo que ella recogió) la había dejado totalmente desvinculada de su energía instintiva. En tanto engordaba, al mirar su cuerpo (en las situaciones que podía soportarlo) sentía un creciente rechazo. Nunca pudo seguir las exigencias de una dieta, cosa que le hacía sentirse aún más desdichada. Se sentía sola y sabía que la edad comenzaba a restarle posibilidades.

Este tipo de intentos por llenar con *cosas* un vacío espiritual siempre termina en el fracaso. El vacío desgarrador no desaparece o, al menos, no tarda en presentarse nuevamente. No existe sustituto para el amor, y en especial para el amor incondicional a sí mismo.

Condicionamiento

No sería extraño preguntarse, ¿por qué es tan inusual dar con alguien que se ame incondicionalmente a sí mismo? La respuesta es sencilla: nunca nadie nos enseñó a hacerlo. Salvo que hayamos sido afortunados en los años de crecimiento, siempre nos hayan aprobado de una forma condicional:

en otras palabras, al satisfacer las expectativas de otras personas (en especial la de nuestros padres y profesores). Hemos sido condicionados a "comportarnos correctamente" y "hacer lo debido". No obstante, la conducta de estos adultos tan trascendentales en nuestras vidas fue, casi sin duda, el resultado de sus mejores intenciones.

Gran parte del contenido de la enseñanza recibida resultaba necesaria para poder sobrevivir en un mundo hostil y adaptarse a los parámetros de la convivencia social como, por ejemplo, mirar a ambos lados antes de cruzar una calle, tratar con educación a las personas, y así muchas cosas más. Pero, con demasiada frecuencia, comprendemos después de algunos años que complacer y satisfacer a los demás constituían fines en sí mismos. No nos han enseñado a satisfacernos a nosotros mismos sin que inevitablemente cayeran acusaciones de egoísmo. Satisfacerse a sí mismo podía a menudo acabar en un castigo o, al menos, en la pérdida del amor. Y así fue como la mayoría de nosotros, poco a poco, nos fuimos conformando. Por otra parte, aquellos que eran más rebeldes se entregaron a la reacción contra la autoridad más que a escoger la vía de la expresión personal.

La culpa

Gran parte de la enseñanza religiosa, comprendida incorrectamente o enseñada a medias, fomenta la culpa, el perfeccionismo y la negación de nuestra "naturaleza inferior" (habitualmente asociada con la sexualidad). La paranoia sembrada en torno al pecado (a menudo los placeres de la vida) y la Recompensa Divina suelen disfrutar de una posición preeminente en las corrientes cristianas fundamentalistas. Al nacer somos seres "malos" y tenemos que pagar por ello caminando por este "valle de lágrimas", una situación similar a la de Alicia en el País de las Maravillas cuando se sentía demasiado deprimida acerca de su estado. Disfrutar "por el hecho de disfrutar" es buscar problemas con el Juez que todo lo ve y todo lo oye, como si fuese un espía que nos vigila desde las alturas.

La malinterpretación de la doctrina de la penitencia y la necesidad de la purificación a través de la oración puede convertir al sufrimiento en una virtud per se. Presumiblemente, si sufriéramos lo suficiente durante esta vida podríamos ser readmitidos en el Jardín del Edén, de donde nuestros primeros padres fueron expulsados por tratar de ir más allá de los límites que se les había impuesto.

Esto no supone la negación del apoyo, la inspiración y el consuelo que brindan los preceptos religiosos que son positivos y favorables a la afirmación de los valores básicos de la vida. Con demasiada frecuencia, sin embargo, nos olvidamos de que el mensaje esencial del Cristianismo es el amor, "la caridad" en palabras de San Pablo. Y la caridad comienza en el hogar, es decir, con nosotros mismos. Lejos de tratarse de una infidelidad religiosa, amarse a uno mismo es el mandamiento específicamente mencionado en el Nuevo Testamento. "Ama a tu prójimo como a ti mismo", es la máxima que aparece una y otra vez. Sólo amándote a ti mismo "con todas tus imperfecciones", podrás amar a tus semejantes a pesar de sus imperfecciones.

No obstante, pensar intensamente acerca de uno mismo (o, en caso de hacerlo, admitirlo) no es algo que pueda llevarse a cabo sin que se le tache a uno de egoísta, egocéntrico o ambicioso. Algunas culturas (en particular la británica) parecen haber elevado la autodesaprobación al nivel de una virtud.

Incluso si en secreto te sientes bien contigo mismo, el condicionamiento recibido prescribe que uno debe ser modesto y desjerarquizar los logros alcanzados. Desde luego que no sería muy apropiado salir al balcón y comenzar a gritar "¡Soy un genio!" o sentir que uno es realmente especial. Esto es un pena porque tú lo *eres*. Todos lo somos. Todos somos magníficos e increíblemente originales. Entonces, sólo esto se puede esperar, ya que todos hemos sido creados a imagen y semejanza de Dios. O *todos* somos especiales o nadie lo es.

¿Cómo puedes amarte más a ti mismo?

En los capítulos siguientes analizaremos en detalle las respuestas a este interrogante, pero por el momento me parece oportuno ofrecer una lista de recomendaciones muy útiles.

Puedes aprender a amarte a ti mismo de las siguientes maneras.

1. Prestando constantemente atención a situaciones en las cuales te responsabilizas, te sientes culpable o de alguna otra forma atentas contra tu estado anímico.

2. Revirtiendo las actitudes negativas fruto del condicionamiento por medio de afirmaciones positivas acerca de ti mismo. La mente es un ordenador que requiere volver a programarse. Esto puede llevarse a cabo a través de afirmaciones y visualizaciones (se encontrarán ejemplos a lo largo del libro). Si este trabajo se efectúa a diario, la imagen que tienes de ti mismo comenzará a experimentar cambios. Dado que nuestros sentimientos y conductas se nutren de pensamientos, si pensamos de una forma positiva comenzaremos a sentirnos mejor y comportarnos en consecuencia.

3. Interiorizando y comportándote de acuerdo a estos pensamientos, por ejemplo actuando "como si" en realidad fueras como deseas ser. De este modo uno puede ser de la manera que quiere.

4. No permitiendo jamás una descalificación acerca de ti (ya sea interior o exterior) sin presentar resistencia.

5. Tratándote a ti mismo con la misma bondad que te han enseñado a tratar a los demás.

6. Presentándote en el mundo como si merecieras respeto por quien eres, además de aspirar a lo mejor (que es en realidad lo que mereces), y permitiéndote la posibilidad de disfrutar. Sin duda, los demás responderán correspondiendo a tus vibraciones energéticas. No somos sino nosotros quienes creamos nuestra realidad según nuestros pensamientos.

7. Por medio de una actitud abierta y libre de juicios, dispuesto a descubrir quién eres en realidad a través de un método de autoexamen (por ejemplo, meditación, terapia, oración, sueños, interacción con otros), y siempre *dispuesto a perdonarte por los "errores" cometidos*.

3. CAMBIO DE MENTALIDAD

Después de un tiempo, la gaviota madrina ascendió a las alturas para encontrarse con un grupo nuevo de estudiantes, ansiosos por su primera lección. "Para comenzar", indicó con voz grave, "habéis de comprender que una gaviota es una idea ilimitada de libertad, una imagen de la Gran Gaviota, y la totalidad de vuestro cuerpo, de uno a otro de los extremos de vuestras alas, no es más que vuestro propio pensamiento."

RICHARD BACH. *Juan Salvador Gaviota*

Aquello que nos decimos a nosotros mismos, la información y los pensamientos que ocupan nuestra mente, es sumamente importante a la hora de tratar de amarnos a nosotros mismos y de ser nuestros mejores amigos. Como dice la canción de Johnny Mercer, "Acentuar lo positivo, eliminar lo negativo" a fin de crear nuestro futuro sobre la base de lo que pensamos, decimos y sentimos.

El poder de las ideas

La realidad que experimentamos es el resultado de la suma total de nuestros pensamientos. El significado que otorgamos a los hechos, las conclusiones que extraemos acerca de "cómo son las cosas", la imagen que tenemos de nosotros mismos, el pasado que creamos y el futuro que imaginamos devienen nuestra realidad, o el filtro mental a través del cual interpretamos la realidad exterior. Por tanto, resulta crucial el tipo de diálogo interior que mantenemos. Si no cesamos de juzgarnos, pensando que no deberíamos haber dicho esto o no podemos hacer aquello, no hacemos más que fijarnos límites. Palabras como "debería" o "no puedo" castran la energía positiva. Si continuamente nos subestimamos (o permitimos que los demás así lo hagan), es probable que nos sintamos deprimidos, carentes de fuerza, para a su vez alimentar aún más los pensamientos negativos.

Las palabras son enormemente poderosas. Basta pensar en los devastadores efectos que la propaganda oficial tiene sobre las naciones. Cuando las ideas se repiten en la medida necesaria, no tardan en tomarse por verdaderas. Los eslóganes de carácter racista o bélico pueden llegar a convertirse en el reino de la muerte y hacer de la tierra un infierno. La Alemania nazi constituye un buen ejemplo. De forma similar, a un nivel individual, sentimos y actuamos de acuerdo a los parámetros de lo que consideramos verdadero. Los pensamientos dan origen a los sentimientos que a continuación exteriorizamos a través de la conducta. Si pensamos que *no sabemos* nadar, que no somos *capaces* de decir "no" y que *deberíamos* quejarnos acerca de la calidad de la comida pero que probablemente no lo haremos, existe un significativo número de probabilidades de que uno esté diciendo la verdad. Al reemplazar las palabras negativas por otras positivas, ya has dado un paso adelante en el camino hacia sentirte seguro de ti mismo, la base esencial para sentirte capaz de realizar y poder llevar a cabo cualquier proyecto.

Todo aquello que es comenzó su vida como pensamiento. Los pensamientos son como semillas a las que, si les proporcionamos la energía de cultivarlas y cuidarlas, echarán raíces y finalmente darán frutos. Les damos energía al alimentarlas con nuestra atención, puesto que la atención es esencialmente energía. Considera por un momento cómo todo lo que ha sido creado en la esfera material comenzó sobre la base de una idea, un proyecto, en la mente de alguien. Ya sea una pintura, un edificio, o un juego de muebles, el proceso siempre fue el mismo. El artista, el arquitecto o el ebanista *realizaron* una idea en la cual él o ella creyeron y entonces le dedicaron su energía y trabajo. Aquello que en los comienzos sólo constituía un pensamiento, algo invisible y tenue, se desarrolló hasta manifestarse en el plano material, como algo sólido, tangible y muy "real".

Exactamente lo mismo sucede en la mente. Aquello que se manifiesta en nuestras vidas, para bien o para mal, son los resultados de nuestros pensamientos. Esto se aplica del mismo modo a las actitudes que posteriormente manifestamos.

La vida es un espejo

No es extraño sentir habitualmente que gran parte de lo que nos sucede poco tiene que ver con nosotros en realidad, como en el caso de la mujer cuyas vacaciones siempre culminaban en experiencias desafortunadas. Sin embargo, la vida no puede sino reflejarnos, enseñarnos qué es lo que somos. Al ser positivos y bondadosos, nos rodearemos de personas positivas y bondadosas. Lo inverso, desafortunadamente, también es cierto: un espíritu negativo atrae experiencias negativas. Esta idea ha sido manifestada a través de diversas expresiones: "Todos quieren estar junto a una persona positiva", o "Pásate el día llorando y te quedarás solo". No es necesario que creas a ciegas en estas afirmaciones. Sería más prudente que lo probases en carne propia a fin de que puedas evaluar su veracidad. Haz un pequeño experimento. Observa si puedes hallar algún vínculo entre los hechos que experimentas a lo largo de un día normal, tanto agradables como desagradables, y tu estado mental en el momento que ocurrieron. ¿Podrías extraer alguna conclusión de este pequeño experimento?

"Tu entorno es tan elevado como tú eres", dice la *Lazy Man's Guide to Enlightment*. No te sorprendas si dicha afirmación te parece descabellada. Al enfrentarse a algo molesto en su entorno, la mayor parte de la gente cree que lo adecuado es el cambio. Sin embargo, se pierde la perspectiva de que, aun cuando exista una molestia, se trata de *nuestra* reacción y *nuestros* sentimientos. Muy pocas veces nos detenemos a considerar cuál es nuestra contribución personal a lo que ha sucedido, cuál es la función de nuestros pensamientos y preguntarnos por qué tal o cual incidente o persona nos ha molestado tanto.

El cambio interior produce el cambio exterior

Tú eres el centro del universo que creas constantemente con tu pensamiento. Si no te gusta tu creación, pues decídete a cambiarla, trabaja para modificarla desde su mismo interior. Al cambiar las actitudes, al esmerarte por observar el entorno desde una perspectiva diferente y brindar una energía diferente puedes transformar tu propia realidad, ya sea en la vida o a través de una terapia.

A veces puede resultar difícil, en especial cuando estás

convencido de estar en lo correcto y de que "de esta manera son las cosas". Pero recuerda que las cosas siempre parecerán ser de "la manera que son" desde la perspectiva que las observes. No podría ser de otra manera. En este sentido, siempre tendrás razón.

En su obra *Course in Miracles*, Helen Schucman pregunta, "¿Preferirías sentirte sano y feliz o tener la razón de tu lado?". Estar en lo "correcto" es un premio de escaso valor si supone estrés, confrontación, ansiedad y resentimiento. La paz de espíritu y la mejor calidad de vida que podemos crear para nosotros mismos es en realidad aquello que todos perseguimos en nuestra vidas. Pero hemos de estar preparados para transformarlas en nuestros objetivos y esforzarnos por conseguirlas.

Crear aquello que deseamos no resulta tan complejo como parece. En verdad, sólo se trata de estar realmente convencido en desechar los viejos modelos y cambiar nuestras ideas acerca de "quiénes somos" y "cómo son las cosas". El problema (si es que hay alguno) es haber vivido con dichas ideas y hábitos de conducta durante tanto tiempo que inevitablemente nos hemos terminado identificando con ellos. Según Gurdjieff (pensador y maestro esotérico de principios del siglo XX, quien creía que su filosofía podía asimilarse por medio de la disciplina y autobservación) dicha identificación con viejos hábitos constituye el único pecado, en el sentido de que no deja ver otras posibilidades y maneras de ser, además de sentar las bases del sufrimiento interior. Nos aferramos a antiguas ideas bajo la creencia de que nuestra vida depende de ellas. Ante cualquier desafío nos sentimos amenazados y nos lanzamos a defenderlas con uñas y dientes.

No son pocos quienes afirman que un signo de la locura no es *aquello* en que creemos sino el grado de adicción con el que creemos. Algunas personas se sienten tan agobiadas por el desmoronamiento de sus "queridas" creencias que terminan por destruirse a sí mismas. No pueden ver cómo continuar viviendo sin las claves que habían dado sentido a sus vidas.

Nosotros no somos nuestras *ideas*. Nuestros sistemas de creencias deberían proporcionarnos apoyo y no a la inversa. Las ideas no son valores inamovibles, debemos estar preparados para cambiarlas cuando dejan de servirnos y apoyarnos. *Podemos ser de cualquier manera que querramos ser.* No hay razón para quedarse estancados con pensamientos negativos, a menos que seamos adictos a interpretar el papel de mártir o víctima. Podemos *escoger* aquello que pensamos y sentimos acerca de la manera que somos. Y, en última instancia, todas las interpretaciones son relativas. ¿Quién goza de suficiente autoridad para decirnos que tenemos una idea errónea acerca de nosotros mismos?

Lo más notable en todo ello es que cualquiera que sea la elección, jamás dejaremos de hallar pruebas que confirmen nuestras creencias, ello es la manera de la que en realidad somos. Esto no tiene por qué causar sorpresas dado que estaremos continuamente buscando pruebas que ofrezcan testimonio de nuestras carencias y debilidades, y así acabaremos inevitablemente neutralizando nuestra conciencia a toda aquella señal que contradiga dicho presupuesto. Si no nos amamos a nosotros mismos, el amor jamás nos alcanzará puesto que no le dejaremos entrar en nosotros. Como no estamos dispuestos a verlo, no sería nada extraño que no tengamos noticias suyas.

Afirmaciones

Aquello que nos decimos a nosotros mismos es de suprema importancia, y *repetirnos* que estamos bien es una de las mejores formas de mejorar nuestra propia imagen. En otras palabras, hemos de ser nuestros mejores amigos. Hemos de poner fin a dicho sádico diálogo interior por el cual siempre acabamos con una imagen personal negativa y reemplazarla por una visión positiva y afirmativa, aceptando declaraciones que finalmente se arraigarán en nuestra conciencia, en definitiva, reprogramando el ordenador de nuestra mente. Dichas declaraciones "provida" se denominan "afirmaciones".

No es necesario que creas en tales afirmaciones para que causen efecto en ti, aunque ciertamente ayuda. Todo lo que haces es reprogramar tu mente con imágenes positivas, a sabiendas de que todos nosotros reaccionamos a lo que consideramos *verdadero*. No podemos ver la diferencia entre la realidad "real" y la "imaginaria", tal como demostró el Informe de la *Kyushi Journal of Medical Science* (1962) en un estudio efectuado con niños japoneses en edad escolar. En efecto, los encuestados manifestaron una reacción alérgica tras ser frotados con unas hierbas inocuas que, por el contrario, habían sido presentadas como hiedras venenosas. Como escribió Shakespeare (Hamlet, II), "Nada es bueno o malo, sino que el pensamiento lo transforma".

La afirmación más difundida es: "Cada día, en todos los sentidos, me siento mejor y mejor". Emil Coué la utilizó alrededor de unos setenta años con sus pacientes en la clínica de Nancy, en el norte de Francia, con unos resultados tan espectaculares que muy pronto ganó una enorme difusión. Coué escogió esta particular afirmación puesto que no era específica, y por ende podía abarcar cualquier tipo de problema que los pacientes pudieran sufrir. Sin embargo, las afirmaciones también pueden formularse para neutralizar áreas negativas más específicas. Algunos ejemplos de tales afirmaciones se ofrecen al final de este capítulo y a lo largo de todo el libro. Escoge aquellas que más se acomoden a ti y modifícalas según tus propias necesidades.

Para que las afirmaciones surtan efecto sólo es necesario tener *fe* y, especialmente, *perseverancia*. Creer en que dichas palabras encierran el poder para cambiar tu vida es la clave de su éxito. Persevera y no ceses de repetirte las afirmaciones, día tras día, y tarde o temprano comenzarás a experimentar la transformación. Pequeños milagros irrumpirán en tu vida a medida que tus actitudes positivas empiecen a atraer experiencias positivas.

El momento ideal para poner en práctica las afirmaciones es cuando uno se siente relajado, cuando la mente se encuentra libre de preocupaciones. (Para más detalles sobre una relajación profunda, ver capítulo 8.) Por la mañana al despertarse o por la noche antes de dormirse, son momentos adecuados. Pero también puedes formularte afirmaciones en cualquier momento del día. Primero respira profundo algunas veces para relajar el cuerpo y hallar una posición cómoda. Repite varias veces la afirmación elegida. Hazlo con lentitud y total convencimiento. Ya percibirás cuándo detenerte, cuando la energía comience a emanar de ti.

Convierte estas prácticas en disciplina para neutralizar cualquier pensamiento negativo que tengas acerca de ti. Formúlate una afirmación contraria siempre que te halles en el umbral de la autodegradación. (También puede aplicarse a cualquier manifestación denigrante hecha por otra persona acerca de tu forma de ser, o que tú sientas que es una manera de invalidarte. Ya veremos en más detalle este tema en otro capítulo.)

Aquí se ofrecen algunas afirmaciones para poder comenzar con las prácticas. Deliberadamente, se han escogido afirmaciones de carácter muy general. Encontrarás afirmaciones más específicas al final de cada capítulo, basadas en el material proporcionado por cada uno de ellos. Por otra parte, más adelante deberías ser capaz de incorporar afirmaciones de tu propia cosecha.

Aquí se ofrecen algunas claves sobre la técnica de las afirmaciones.

1. Las afirmaciones deben ser cortas, expresando preferiblemente una única idea.
2. Deben referirse a algo positivo antes que negativo, por ejemplo, "Me gusta mi forma de ser" en lugar de "No soy tan desastroso como pensaba".
3. Deben formularse en tiempo presente, como si se tratase de un deseo.
4. Deben repetirse al menos dos veces, dejando el tiempo necesario para interiorizarlas.
5. Cuanto más relajado te sientas, mayor posibilidad existirá de que las afirmaciones más profundas penetren en tu subconsciente.

Ejemplos de afirmaciones
Mis pensamientos crean un mundo en el cual me siento seguro, sano, feliz y amado.
Me gusta y acepto siempre mi forma de ser.
Tanto yo como los demás valoramos quién soy y lo que tengo para dar.
La vida es agradable y cada día que pasa incluso es mejor.
Todo está bien en mi maravilloso, saludable, pacífico, tierno, próspero, alegre y creativo mundo.
Al sentirme feliz, exitoso, próspero y amado no puedo más que sentirme plenamente SEGURO.
Merezco lo mejor sencillamente por ser quien soy.
Todo lo que toco se transforma en un éxito.
Cualquiera sea el lugar donde esté, siempre me siento seguro.
Soy un ser humano atractivo, exitoso, intuitivo, cariñoso y creativo.
Siempre gano.

Me siento agradecido por mi vida y mis numerosas virtudes.
Termino consiguiendo con facilidad todo lo que necesito.
Siempre obtengo lo suficiente.
No podría describir hasta qué punto llega mi bienestar.
Soy libre de elegir el tipo de vida que desee.
Dios desea que sea feliz.

Visualizaciones

La visualización constituye otra técnica que puedes utilizar para provocar un cambio en tus actitudes y sentimientos acerca de ti mismo. Visualizar es usar tu imaginación de una manera creativa, y aquello que creas por medio de ella es una realidad diferente a la que te hunde, te estanca y no te brinda los factores positivos necesarios para sentirte mejor. Encontrarás ejemplos de visualizaciones a lo largo del libro, en especial donde abordamos el tema del poder del amor en las curaciones.

Así como las afirmaciones se basan en el poder de las palabras para influenciar el inconsciente, las visualizaciones se basan en el poder de las *imágenes* que deliberadamente construimos en los ojos de la mente. Por ejemplo, las técnicas de biorespuesta, que emplean máquinas sensibles para controlar las funciones corporales automáticas y los reflejos, han dejado en evidencia el grado de condicionamiento que sufrimos tanto por el estado de ánimo como por los procesos fisiológicos, al poner en circulación pensamientos e imágenes mentales. Al parecer la mente no puede diferenciar entre lo que "realmente" sucede afuera (por ejemplo, en el mundo material) y lo que pasa por ella. De ahí que el efecto en nosotros sea el mismo. Nos sentiremos conmovidos, exaltados, deprimidos, alegres o preocupados según cuales sean los contenidos que prevalezcan en nuestra mente. Toma, a modo de ejemplo, las películas. En realidad, no son más que imágenes móviles en la pantalla. Carecen de sustancia real. Pero albergan el poder de llevarnos a, entre otros, un estado romántico, de temor o de excitación sexual.

Tendemos a convertirnos y desplazarnos hacia las imágenes que guarda la mente. Por ello resulta fundamental para el bienestar personal solamente ofrecer refugio mental a las imágenes positivas. No es fruto de una exageración expresar que uno puede provocarse una enfermedad seria si insiste en pensar en ello. Por supuesto, lo contrario es igualmente cierto. No son pocas las curas milagrosas de cáncer abundantemente documentadas. Por ejemplo, en pacientes desahuciados por sus médicos que optaron por la vía de practicar visualizaciones de forma regular.

Las técnicas de visualización son esencialmente las mismas utilizadas para las afirmaciones.

1. Relajación. En primer lugar has de relajarte y disminuir la velocidad de los procesos mentales mientras buscas una posición en la que te sientas cómodo. Disminuir el ritmo respiratorio e inspirar con profundidad resulta muy útil, en tanto tomas conciencia de cómo te sientes en tu cuerpo. Presta atención a las sensaciones corporales, a los mensajes que te envía el cuerpo. ¿Qué músculos, por ejemplo, están en tensión? Trata de relajarte aún más. Aléjate de cualquier problema que esté presente en tu mente. Permítete sentirte en paz por estos breves momentos.

2. Sentirse seguro. Para cooperar con este proceso de desconexión conviene comenzar la visualización creando en la mente una imagen de un lugar en el cual te sientas totalmente a salvo, y preferiblemente en un entorno natural. Podría tratarse de una playa desierta, un jardín exhuberante, o algún rincón encantado de un bosque remoto. Tanto puede ser un lugar que conoces y del cual has disfrutado o un sitio imaginario. No se trata más que de pasar unos momentos placenteros en un lugar que, para ti, sea idílico.

3. Creación de imágenes. Comienza por crear la imagen mental que hayas escogido como tema de la visualización. Más adelante se mencionan algunos ejemplos, pero recuerda que las visualizaciones deben ser lo más detalladas que puedas. Lo más importante es que sientas en tu cuerpo que lo que visualizas está "sucediendo realmente". No importa si encuentras problemas para crear imágenes visuales en tanto puedas tener las sensación corporal de ellas.

4. Cómo terminar. Te darás cuenta de cuándo debes poner fin al proceso al percibir que la energía comienza a abandonar la visualización. Al sentir que has acabado, abandona las imágenes mentales. Introdúcelas en un globo y observa luego como éste asciende hacia el cielo hasta que lo pierdas de vista. A continuación, procura conservar la sensación de relajación el mayor tiempo posible tomando con tranquilidad las situaciones que se te presenten.

4. AUTOACEPTACIÓN

No juzgues y no serás juzgado

Mateo, 7, 1

Como hemos visto en el capítulo 2, una de las mejores formas de amarnos a nosotros mismos es perdonándonos. No una única vez sino una y otra vez. Lo mismo, desde luego, se aplica con relación a los demás. Naturalmente, el modo en que tratamos a los demás es, en general, la misma regla que nos aplicamos a nosotros mismos. Las relaciones que establecemos cumplen la función de espejos, y con cada juicio que formulamos sobre los demás no hacemos más que limitarnos a nosotros mismos. En realidad estamos diciendo que, cuando sea que juzguemos a otros, "No puedo permitirme ser o comportarme de esta manera", limitando así nuestra libertad de ser de la forma que deseamos ser.

El crecimiento personal, el amor a uno mismo, supone en gran medida aprender a aceptarnos a nosotros mismos tal *como somos*. Aun cuando nos cueste aceptar parte de nuestra forma de ser, ella no desaparecerá al menos hasta que logremos aprender a aceptarla. El camino de salida es, como siempre, el camino interior. Dichas partes "maliciosas" han de aceptarse con la misma intensidad con que son aceptadas aquellas partes de la personalidad consideradas como "buenas" y que no han presentado mayores inconvenientes. Debemos sustraer los aspectos "malos" del limbo en el cual los hemos confinado.

En dicho limbo, las partes rechazadas de nuestra personalidad permanecen inalteradas. No sólo no desaparecen sino que absorven parte de nuestra energía psíquica, energía que de otro modo estaría disponible para una vida plena. Nos *chupan* la energía como si fuesen sanguijuelas. Nos impulsan a subestimarnos, sentirnos culpables o vulnerables. Cuanto más tratamos de negarlas y ocultarlas debajo de la alfombra del inconsciente, más poderosas se vuelven hasta el punto de amenazar con controlar nuestras vidas. La represión no sirve más que para alimentarlas y fortalecerlas. Se convierten así en obsesiones que no dejan de agobiarnos, tanto en la vida real como en la onírica, ya que el contenido de los sueños forma una parte de nosotros que en realidad deseamos que sea reconocida en la conciencia.

Integración de la "sombras"

Así como Jung calificó de "sombras" a aquellas partes de nuestra personalidad que han sido negadas, el análisis junguiano hace hincapié en tomar conciencia acerca del grado de influencia que tienen las "sombras" en el comportamiento de un individuo. Si las sombras no ganan la luz de la conciencia es inimaginable un crecimiento real. Otro tanto sucede con la calma mental. La sombra puede merodear en los sueños, golpear la puerta de la psique para ser admitida en la familia de las subpersonalidades. A veces, si la sombra acusa una sobrecarga de energía, puede constituir el contenido de los sueños, apareciendo bajo la forma de monstruos, animales feroces o como personas que nos persiguen amenazadoramente. Cualquiera sea el método que intentemos, no podremos escapar de ellas.

En la literatura abundan los ejemplos del poder de estas partes rechazadas de nuestra personalidad. Caliban en "La Tempestad" es la sombra de Próspero, como Mr. Hyde y Dr. Jekyll, o el retrato que representa a Dorian Gray.

Enfrentarse con los propios demonios requiere coraje. Puede conllevar un proceso doloroso, en el cual nuestras queridas ilusiones personales queden hechas trizas. Pero si queremos saber quiénes somos, en lugar de qué desearíamos ser, el resultado final de tal búsqueda desemboca en una sensación de integración, de restauración de la totalidad. Quizá uno pueda sentirse humillado, pero como contrapartida percibirá una imagen más *real* de sí mismo que supone un serio contraste con la visión de una personalidad falsamente fragmentada.

De la misma importancia es reconocer las sombras que supone dejar de proyectarlas hacia afuera de uno mismo, en los demás, en el mundo. De allí, cualquiera sea la energía psíquica que se reprima, la veremos "fuera" y siempre nos encontraremos con ella. Sólo al aceptarla como parte de uno, se pone fin a la búsqueda de chivos expiatorios, a ver el mal en todas partes, a las actitudes paranoicas y de carácter persecutorio así como a los juicios cargados de severidad. Por ello, recuerda que lo que ves no es otra cosa que tú mismo.

La transformación de la energía que desprenden las sombras es el contenido de los mitos y cuentos de hadas, así como de los sueños. La búsqueda por parte de los alquimistas de la piedra filosofal que pudiese convertir un metal básico en oro, la parábola del hijo pródigo, la transformación del sapo en príncipe tras el beso mágico de la príncesa, son diversas historias acerca de la recuperación de la Sombra. El milagro se explicaría entonces en que, al poder amar aquellos rasgos de nuestra forma de ser que parecen imposibles de ser objeto de nuestra admiración, ellos cambian y se transforman en un príncipe, como sucedió con el sapo besado por la princesa. La furia, por ejemplo, que podría simbolizarse en el rugir de un león presto a devorarnos, se convierte, al ser domada por el deseo de entablar un diálogo con ella, en nuestra fuerza y capacidad de defendernos, un rasgo que no hay ninguno de nosotros que no posea en su repertorio personal. Así pues, sólo el rechazo a reconocer nuestra fortaleza es lo que la ha convertido en energía contraria y, por tanto, en una Sombra.

La transformación de dichos Calibans a través del camino del amor y la aceptación de uno mismo es muy importante para ganar claridad, tanto en lo que concierne a la vida interior como a las relaciones con los demás. "... la paja en el ojo ajeno y no la viga en el propio" (Mateo, 7, 3). Es más, si te niegas a reconocer tus propias sombras, puedes dar por descontado que no cesarás de encontrarte con Calibans a donde sea que vayas puesto que tú mismo eres quien los atraes.

Subpersonalidades

La Sombra no es la única parte de nosotros que puede ser fuente de maldad si no somos conscientes de ella. Todos nosotros tenemos además otras facetas interiores, como el "niño interior" o el "crítico", entre otras. En psicoterapia dichas partes suelen denominarse "subpersonalidades", nombre que resulta adecuado puesto que se comportan como si se tratasen de diferentes personas que hay dentro de nosotros. Desde luego, no lo son. De hecho, son diferentes tipos de energía. Pero son modelos *fijos* de energía, reacciones que de tan habituales se han vuelto automáticas. Nadie está libre de ellas, muy al contrario, somos el resultado de ellas. Somos conscientes de algunas, de otras no. Podemos ser conscientes de que somos trabajadores compulsivos, que no podemos desconectar de los deberes laborales. O jugadores sin límites. Si trabajar con seriedad y constancia es correcto, otro tanto podría decirse de disfrutar de la emoción de las apuestas. Sin embargo, la cuestión radica en si dicha conducta es resultado de una elección o de una fuerza mayor que nos arrastra. En caso de que la última opción sea la correcta, estamos controlados por el trabajador o jugador que hay dentro de nosotros. Y, como sucede con todas las adicciones (porque eso es lo que en realidad son), la mera fuerza de voluntad no resulta suficiente para liberarnos de ellas.

La única forma de deshacernos de un impulso interior que nos molesta, de algo que preferiríamos no ser, es tratando de comprender por qué está allí, a qué tipo de necesidad sirve, y por tanto cuál es la razón de la necesidad. Todas las subpersonalidades se desarrollan en virtud de satisfacer alguna necesidad y prestar una gran ayuda a la supervivencia. No hemos de tratar de aniquilarlas –por otra parte, algo ciertamente quimérico– sino de controlarlas de modo tal que dejen de "impulsarnos", por ejemplo llevándonos a determinados comportamientos que el resto de nuestras subpersonalidades no desean. Cuanto más sabemos sobre el funcionamiento de nuestras subpersonalidades, más podremos asumir el control de nuestras vidas. Dispondremos así de más posibilidades antes de actuar, podremos actuar de una forma menos automática y menos arraigada en el hábito y el impulso. Entonces, indaguemos en el mundo de las subpersonalidades.

El niño interior
Esta faceta reúne aquellos rasgos relacionados con la inocencia, la vulnerabilidad, la confianza, la frescura, la ca-

pacidad de intimidad y ternura, la espontaneidad y el amor. Aquí radica la capacidad de aprender, experimentar la sensación de lo maravilloso y de disfrutar de la sensación del juego. Es el centro suave que hay en cada uno de nosotros, el núcleo más sensible e íntimo, aquella parte que *siente*. El Niño Interior permanece en nosotros toda la vida, pero es muy común que la gente (en especial los hombres) lo escondan ante el mundo exterior, precisamente porque es un centro vulnerable y fácil de dañar. Al ignorarlo, el Niño Interior comenzará a actuar echando culpas, llorando en busca de atención, reaccionando con temor y derrotándonos hasta que le escuchemos.

El Niño Interior no posee la sabiduría del mundo exterior. Desea, antes que nada, sentirse seguro, amado y protegido. Si no consigue lo que anhela, el Niño Interior manifiesta pánico, soledad o confusión.

Así como es importante atender a sus necesidades, resulta crucial aprender a reconocer y alimentar al Niño Interior. Desafortunadamente, el Niño no es muy eficiente a la hora de articular sus necesidades, tal como sucede con los niños reales que consiguen distraer a sus padres con sus constantes lloriqueos y exigencias de atención. Pero cuando el niño vuelve a sentirse bien, *nosotros* nos sentimos bien, contentos, seguros y con ánimo de jugar.

El Padre/Supervisor interior

Puesto que el Niño Interior es tan vulnerable y tiene dificultades para adaptarse al mundo real, todos hemos desarrollado, en mayor o menor medida, unos poderosos Padres Interiores que ofrecen protección. Esta subpersonalidad supone una interiorización de todas aquellas figuras revestidas de autoridad que en alguna oportunidad nos hayan influenciado en el pasado: padres, maestros, sacerdotes. Siempre están junto a nosotros, incorporados en las recomendaciones, las llamadas de atención, velando por los intereses para que nos conservemos sanos y salvos, libres del daño. Es el Padre Interior, como si fuese un padre real, quien nos impulsa a mirar a ambos lados antes de cruzar una calle transitada, o que nos recuerda la necesidad de secarnos el pelo después de la ducha. Nuestro Padre Interior es conocido además como el Supervisor, y cumple una función vital para la supervivencia.

Los problemas surgen, no obstante, cuando el Supervisor se excede en su tarea. Si hemos sido sobreprotegidos durante la niñez, enseñados a seguir estrictos preceptos religiosos o castigados por pequeñas incorrecciones, es probable que hayamos desarrollado un Supervisor Interno que ve el mundo como un entorno peligroso y no inhibe de expresarnos con libertad. Puede que nos volvamos personas rígidas, quizás incluso personalidades esquizoides. En efecto, no nos sentiremos libres o en contacto con nuestro poder de ser aquello que deseamos y hacer aquello que sentimos. Por el contrario, estrecharemos nuestra manera de relacionarnos con el mundo a fin de ajustarnos a las expectativas de quienes nos educaron. Tratamos de satisfacer a nuestra madre y nuestro padre, a nuestros maestros aunque ya no estén físicamente junto a nosotros. Y de no hacerlo, es probable que acusemos un arranque de paranoia y culpabilidad, y no sería raro que nos sintiéramos Malas Personas. El Supervisor es la más recta de nuestras personalidades.

Hemos de aprender a reconocer cuándo estamos sujetos a un control excesivo y que la mejor manera de tratar con nuestro Supervisor es urgar y hacer frente a los sentimientos que alimentan nuestra necesidad de control. Esos sentimientos bien pueden estar vinculados a alguna forma de temor.

El Conciliador

Así como sentimos que hemos de satisfacer a nuestro Padre Interior con la finalidad de sentirnos bien, todos hemos aprendido en el pasado a satisfacer a los demás con el propósito de sentirnos amados. Esta actitud puede convertirse en un trabajo de jornada completa cuando la necesidad de aprobación por parte de los demás supone un factor de desequilibrio. La necesidad de satisfacer las expectativas de las primeras figuras con función de autoridad se extienden a la vida adulta. Hacemos lo imposible por complacer a nuestras novias, novios, grupos de amigos, socios y empleadores. En la desesperación por parecer simpáticos y gozar de aceptación nos vendemos por poco valor y malgastamos la energía. No decimos "NO" en el momento que debemos decirlo, aceptamos compromisos que nos resultan inadecuados, zozobramos ante la crítica y no sabemos defendernos ante un ataque. Para el Conciliador, no hay nada que le interese más en el mundo que agradar.

De hecho, muchas de las personas que son objeto de manipulación por parte de su Conciliador no hacen más que acumular una gran cantidad de cólera ante la imposibilidad de manifestar lo que piensan ante otras personas, y se sienten frustrados al no ser capaces de pedir lo que desean.

Hemos de aprender a satisfacernos a nosotros mismos antes de tratar de satisfacer a los demás y, en consecuencia, necesitamos creer en nosotros mismos, comportándonos de una manera tierna y positiva como resultado del amor que sentimos por los demás y no para conseguir que nos amen.

Los codependientes son Conciliadores arquetípicos, siempre situando a los demás por delante de ellos, anclados en la dependencia para conservar la autoestima. Esta conducta autodestructiva e incluso manipuladora es un tema fundamental que abordaremos con más detalle en el capítulo 9.

El Crítico

Esta subpersonalidad se despliega con mucha proximidad al Padre Interior con la finalidad de conservar la conducta dentro de los parámetros de lo que "debes hacer". De todas las subpersonalidades, ésta es la que posee mayor poder para perturbar la calma interior y despertar sensaciones negativas acerca de uno mismo. Se trata de una voz interior que puede resultar acentuadamente sádica y que jamás deja de regañar ante cualquier error o carencia. Ante el Crítico no existe otra opción que estar equivocado. Es más, si desafortunadamente has incubado y desarrollado un Crítico Perfeccionista, no habrá manera de que puedas permitirte pequeñas licencias, que puedas sentirte satisfecho con tu vida, o incluso tranquilo. Tu Crítico siempre estará sobre tus hombros como si se tratase de una arpía mezquina, debilitando tu confianza en ti mismo, e incluso a veces impulsándote al suicidio. En resumidas cuentas, no te librarás del siempre presente "índice acusador".

De todas las subpersonalidades, el Crítico es ante la cual debemos ser más prudentes. El Crítico puede hacernos sentir miserables y deprimidos, perder la confianza y, por último, conducirnos a la locura.

La voz del Crítico puede reconocerse al instante. Es intolerante, severa, siempre indicando lo que está mal y diciendo cómo debería ser. Puede que incluso sea exagerado en sus demandas de perfección (cualesquiera que ellas sean).

Uno de los métodos para tratar con el Crítico consiste en realizar una lista de todas aquellas reclamaciones que formule. (Esto, además, constituye una buena manera de tratar con la subpersonalidad del Impulsor. Ver más adelante.) Oportunamente comprenderás que no existe posibilidad alguna de satisfacer las reclamaciones del Crítico (que en realidad son las exigencias que te formulas a ti mismo). Puede que acabes arrastrándote, sintiéndote como un miserable, y no dudes que el Crítico no quitará el látigo de tu espalda. En verdad, tú no le interesas a tu Crítico y aún no ha comprendido que de alguna manera eres perfecto o, al menos, perfectamente imperfecto.

El Impulsor

El Impulsor es aquella parte de nosotros que nos impele a trabajar incluso cuando es innecesario. A menos que lo hagamos, el Impulsor nos hará sentir inquietos, insatisfechos. Es la más maniática de las subpersonalidades, y a medida que se envejece es más difícilmente controlable. Conozco a un hombre que se levanta cada mañana al amanecer y comienza a limpiar su casa incluso antes de desayunar. Es probable que hayas conocido a algún hombre de negocios de ambición compulsiva, o un ama de casa que ni bien apagas el cigarrillo coge el cenicero para lavarlo, y que siempre parece estar fregando la cocina, planchando o limpiando. Es una perogrullada decir que la limpieza está próxima a la pureza, y cuando va mas allá de la normalidad se convierte en una conducta patológica. En última instancia, un Impulsor hiperactivo no permite vivir en calma. Y lo peor, puede ocasionar transtornos coronarios.

Distensión del dominio de las subpersonalidades

Si alguna de tus personalidades se encuentra fuera de control la única manera de equilibrarla supone la tarea de comprender de dónde proviene dicha energía para a continuación recobrar las riendas de su control. El mero hecho de repetirte a ti mismo que no deberías comportarte de tal forma no produce ningún cambio. Recuerda que las subpersonalidades, soslayando sus posibles inconvenientes, tienen un sentido. Se han desarrollado para permitirle a uno la supervivencia (por ejemplo, el Supervisor, el Conciliador) y tratarán de continuar realizando "su trabajo" –a menudo en conflicto entre ellas– hasta que se sientan vistas y escuchadas. Así es que, a modo de ejemplo, el Niño Interior continuará generando angustia e inseguridad hasta que sienta sus necesidades atendidas. El Supervisor no cesará de provocar inhibición y rigidez a pesar de todos los esfuerzos que se lleven a cabo para sentirse relajado y poder disfrutar. El Impulsador insistirá hasta el agotamiento puesto que anhela éxito y seguridad económica.

¿Cómo podemos aliviar el control ejercido por las subpersonalidades sobre nuestra forma de ser sin reprimir completamente sus voces y satisfaciendo las necesidades que representan? Una respuesta es abrir el diálogo con ellas y entregarse a su conocimiento íntimo: ¿Por qué están allí? ¿Por qué son tan estridentes? ¿Qué esperan de ti y para ti?

Al escucharte a ti mismo y observar tu comportamiento muy pronto reconocerás tus principales subpersonalidades. De hecho, observarás que posees muchas, casi una "muchedumbre", que es en definitiva lo que eres. Recuerda que algunas manipulan a la mayor parte de las personas mientras que existen otras que son muy específicas.

En el ámbito de las actividades de la psicología humanística se han elaborado diversas técnicas para dialogar con las distintas facetas de la personalidad.

Análisis Transaccional (AT)

El método más difundido es el Análisis Transaccional, probablemente el resultado de la amplia circulación de dos obras de reconocido éxito comercial, *Games People Play* de Eric Berne (fundador del AT) y *Yo estoy bien, Tú estás bien* de Thomas A. Harris. El Análisis Transaccional postula que en un momento determinado nos relacionamos con otras personas desde la posición del Padre, el Adulto o el Niño. Sin embargo, sólo es posible la comunicación verdadera si dos personas se relacionan al nivel de Adultos. Si ambos se manifiestan al nivel del Padre dentro del abanico de posibilidades de su personalidad, sólo estarán interesados en controlarse y señalarse recíprocamente los flancos débiles. Si uno o el otro cambia a la subpersonalidad del Niño surgirán un sinfín de culpabilizaciones, quejas y, tal vez, lágrimas o rabietas.

El análisis de tales "transacciones" entre las personas sirve para clarificar la dinámica que tiene lugar entre ellas a efectos de descubrir qué es lo que realmente uno quiere del otro. El AT es una manera de tratar de ver el *lugar* desde el cual la gente procede, en vez de tomar sin más las palabras expresadas o el comportamiento exteriorizado.

Terapia Gestalt

La Terapia Gestalt es una de las perspectivas modernas, con un significativo apoyo en la meditación, acerca del crecimiento personal a través del conocimiento de las subpersonalidades. Su fundador, Fritz Perls, trazó un esquema de las diversas capas de la personalidad y el condicionamiento que es necesario atravesar antes de poder experimentar la sensación de ser "real" y auténtico. Dichas capas se manifiestan, a grandes rasgos, cuando nos enfrentamos a la pregunta "¿Quién soy?". Las capas comprenden desde el Nivel 1 –la capa de los tópicos, utilizada cuando intercambiamos palabras de cortesía social– hasta el nivel 5, la capa explosiva, donde se irrumpe al nivel de expresión auténtica del ser.

Perls acuñó su prestigio en Esalen (el primer "centro de crecimiento" del mundo situado en Big Sur, California) por medio de la exteriorización y la escenificación, con el garbo de un comediante, de la lucha interior constante entre los impulsos negativos y positivos que hay dentro de todos nosotros.

Ante la mirada maravillada de los participantes del grupo Gestalt, Perls habría de provocar el enfrentamiento oral entre el "top dog" y el "underdog" de uno de los miembros del grupo, haciendo que el paciente, quien se alternaba entre dos cojines, representase al sentarse en cada uno de ellos las voces de cada subpersonalidad. Lo más sorprendente, sin embargo, fue la *articulación* de dichas voces interiores, de las cuales el Ego de la persona quizá había sido hasta ese momento incapaz de ser consciente. Cada subpersonalidad manifestó con claridad sus propósitos, incluso surgieron quejas que jamás habían tenido la oportunidad de expresarse en la vida cotidiana, o descripciones con cierto júbilo acerca de las estrategias de manipulación ejercidas sobre el Ego anfitrión para satisfacer sus necesidades, o bien sabotear los proyectos que le parecían no coincidir con sus intereses. Hacia el final de la sesión, se podía alcanzar un compromiso entre las subpersonalidades polarizadas (resolución de conflicto), y si no era así, al menos la persona en cuestión regresaba al grupo con un Ego más consciente.

La Terapia Gestalt tiene por finalidad favorecer la concienciación de las motivaciones ocultas. El estado de conciencia es, de hecho, el principio y el fin de la Gestalt, y por ello se fomenta la permanencia en el presente así como el permitirse *sentir* qué es lo que sucede de un momento a otro. Un terapeuta de la escuela Gestalt puede reunir datos confusos de un paciente, posiblemente haciendo inferencias a partir del tono de voz o las posiciones corporales. El terapeuta puede, además, preguntar al paciente cuál es el significado de su confusión, qué clase de necesidad satisface en ese momento y cómo suele confundirse a sí mismo. La Terapia Gestalt presta más atención a "cómo" hacemos lo que hacemos antes de a "por qué", puesto que nunca sabemos a ciencia cierta *por qué* hacemos lo que hacemos. Quizá sólo se trate de una conjetura. Por otra parte, si podemos tomar conciencia de *cómo* nos comportamos, nos libraremos de actuar como robots, de forma automática e inconsciente, y podremos reconquistar el poder de hacer algo diferente la próxima vez. En otra palabras, disfrutaremos de más posibilidades.

Diálogo de Voces (Voice Dialogue)
    La técnica más sofisticada que, hasta el presente, se ha desarrollado para conocer mejor las subpersonalidades y ampliar el espectro de nuestras posibilidades es, sin duda, el Diálogo de Voces. Dicho método, elaborado por dos terapeutas norteamericanos (California) –el Dr. Hal Stone, antiguo analista jungiano, y su esposa, la Dra. Sidra Winkelman– consiste en una combinación de elementos del Análisis Transaccional, la Gestalt y otras técnicas, que ofrecen como resultado una herramienta aparentemente sencilla para profundizar en el estado de conciencia en torno a las subpersonalidades.

    En Londres, hace ya algunos años, Sidra explicó a los miembros de un grupo de Diálogo de Voces cómo había alcanzado por pura casualidad esta simple pero penetrante visión. Ella y Hal estaban inmersos en una discusión típica, con recriminaciones mutuas, "Tú hiciste, tú hiciste aquello", etc. Esta situación se podría haber perpetuado sin que nada se resolviese en tanto ambos estaban atrincherados en sus posiciones de Padre que todo lo controla y de Hija rebelde (que por entonces eran las subpersonalidades dominantes).

    De forma repentina e impulsada por su experiencia como terapeuta, Sidra se detuvo a observar el tono de voz y la postura de su marido. Se sintió sorprendida al notar que él parecía un niño malhumorado y quejumbroso. Atenta a ello, decidió abandonar su actitud de dueña de la verdad y dejar de defenderse ante las recriminaciones. En contraste, le comenzó a hablar como si en realidad se tratase de un niño herido, y desde la perspectiva de una madre comprensiva en lugar de una hija rebelde.

Le hablaba con más ternura, le preguntó cuál era el problema que le aquejaba y qué necesitaba. Por su parte, Hal reaccionó como si le hubiese afectado una descarga eléctrica. Con la voz de un niño pequeño, comenzó a explicarle que se sentía inseguro tanto acerca de la relación con ella como del trabajo que estaba realizando. En ese momento estaba dedicado a organizar el Centro de Artes Curativas de Los Ángeles, el primer centro que habría de establecerse en los Estados Unidos. Hal experimentaba un momento de grandes dudas acerca de sí mismo y angustia al darse cuenta y sentir que había asumido demasiadas responsabilidades.

Su cuadro psicológico reflejaba que su Niño Interior se sentía vulnerable e inseguro y, cuando Sidra decidió dirigirse a dicho Niño, la dinámica que había entre ellos sufrió un cambio drástico. Ella alentó al Pequeño Niño Atemorizado para que expresara qué necesitaba para sentirse menos inseguro y convencerse de que todo marcharía bien y sin problemas, además de contar con su total colaboración. Finalmente dejaron de hablar y ella lo cogió entre sus brazos como si fuera un bebé.

Tras el encuentro, Hal adquirió conciencia acerca del tipo de presiones que se había echado sobre los hombros. Se había dado cuenta de las necesidades de su Niño Interior, algo que antes ignoraba por completo. Estando hambriento de atención, su Niño bien podría haberle causado una enfermedad para satisfacer sus necesidades. El Niño que todos poseemos puede ser inmensamente poderoso: puede que al no prestarle la atención que requiere, su influencia se proyecte en enfermedades y diversas formas de sabotaje a nuestros proyectos más queridos.

Al descubrir la existencia del Niño, Hal y Sidra se dedicaron a identificar qué otras subpersonalidades les influenciaban sin su conocimiento. Se ayudaron mutuamente para desvelar y conocer a sus Conciliadores, Críticos y, en especial en el caso de Hal, al Impulsor. Aprendieron cómo sacar a la luz estas escasamente percibidas fuentes de problemas, a comunicarse con ellas y preguntarles acerca de sus deseos, de cómo se sentían rechazadas por el Ego (la suma colectiva de las subpersonalidades), y qué les haría sentirse en armonía y evitar problemas.

Otra observación importante que recogieron fue que las subpersonalidades sólo se asomaban y entregaban al diálogo si se sentían aceptadas. A la primera señal de sentirse juzgadas o criticadas escapaban y desaparecían. De modo que el coordinador de un Diálogo de Voces debería mantener una posición imparcial, cualquiera que sea el material inconsciente que salga a la luz. A veces resulta arduo, puesto que las voces surgientes pueden poseer rasgos demoníacos. Pero lo sorprendente radica en que, si se les hace sentir aceptadas y amadas, si se sienten atendidas y escuchadas, su energía se transforma de negativa en positiva. No es necesario ningún intento por parte del coordinador para "redimirlas". Al contrario, provocaría un fracaso absoluto. Éste constituye otro ejemplo del poder del amor para curar la falta de armonía, y de la necesidad que tenemos de aceptar *todo* lo que sucede en nuestro interior. Nada es casual, todo tiene un propósito. De nada serviría mutilarnos, sólo hemos de comprendernos y aceptarnos a nosotros mismos. He aquí el presupuesto esencial de cualquier transformación.

Afirmaciones útiles para la autoaceptación

Me acepto plenamente, tal como soy.
No estoy aquí para ser perfecto o satisfacer las expectativas de otros.
Estoy bien.

Cuanto más me acepto a mí mismo, más me aceptan los demás.
Los desconocidos sólo son amigos potenciales.
Siempre respeto las necesidades de mi Niño Interior.
Siempre estoy a cargo de mi vida.
Confío en mi espontaneidad y libertad.
Sentirme bien conmigo mismo me hace sentir SEGURO.
No necesito sobreexigirme. Todo necesita su tiempo.
No estoy en este mundo para satisfacer a los demás sino a mí mismo.
Sé que puedo afrontar todas las situaciones que se me presenten.

Visualizaciones útiles para la autoaceptación

Amor al Niño Interior

Trata de rememorar cómo eras de niño, cuando tenías alrededor de cuatro o cinco años. Procura contemplarte tal como eras en ese momento, con la mayor claridad que puedas.

Mira con profundidad en los ojos del Niño. Observa los anhelos de amor incondicional y total.

Ahora abraza al Niño. Dile cuanto lo amas, y que siempre cuidarás de él y jamás lo abandonarás. Aprecia su belleza, su inocencia y su frescura.

Cuando le hayas dado todo el amor que sabes y puedes brindar, permite que tu Niño se vaya reduciendo hasta que alcance un tamaño que quepa en tu corazón.

Acógelo en tu corazón y, de vez en cuando a lo largo del día, recuerda que él está allí y bríndale generosamente todo tu amor.

(Esta hermosa y profunda visualización es inspiración de Louise Hay. Te permitirá estar en contacto con tu Niño Interior y sus necesidades.)

Tu personalidad ideal

Considera cómo te gustaría ser en realidad. ¿Cuáles son las virtudes o cualidades que admiras y envidias en los demás y qué te gustaría poseer? Imagina a una persona que esté caminando hacia ti y posea dichas cualidades, por ejemplo en una playa, en la tranquilidad de tu jardín o en un sendero que atraviesa el bosque. A medida que dicha persona ideal se aproxima a ti, él o ella disminuirá la marcha y acabará deteniéndose delante de ti. Os cruzaréis las miradas y le escucharás decirte, "Yo soy tú y tú eres yo. Tú puedes ser lo que yo soy". Siente la energía y las cualidades que tanto admiras en él. Luego, déjate fusionar en él para formar una única persona. Experimenta lo que se siente en la piel de dicha persona, ser guapo y fuerte o en calma contigo mismo, o cualquiera que sean las cualidades que tu echas en falta y en cambio anhelas poseer.

La solución de un problema

Imagina que un problema que te ha estado preocupando mucho ha sido resuelto de una forma satisfactoria. Observa minuciosamente los detalles de la solución ofrecida. ¿Cómo te sientes al saber que te has librado del problema? Disfruta del alivio, la alegría de por fin sentirte en calma y deja que ella penetre en tu cuerpo.

5. EL AMOR CURA

*Nadie puede curarse sin antes amarse
a sí mismo.*

Louis Nassaney, "superviviente" del sida

Afirmaciones y visualizaciones como métodos de curación

Creo que la prueba más convincente con relación al poder de las afirmaciones y visualizaciones con capacidad de transformación se encuentra en el ámbito de las curaciones. Incluso enfermedades intratables y seriamente arraigadas, han terminado cediendo ante una reprogramación positiva y persistente (hay constancias de casos ampliamente documentados). En consecuencia, ¿cuánto más rápido y efectivo podría ser el cambio acerca de cómo nos sentimos con nosotros mismos?

El trabajo del Dr. Carl Simonton, oncólogo y director médico del Centro de Investigación y Asistencia del Cáncer de Forth Worth en los Estados Unidos (Texas), ha sido ampliamente difundido gracias al éxito comercial de su libro, *Getting well Again* (Volviendo a sentirse bien). Inicialmente, Simonton se dedicó a la investigación del poder de la mente para afectar el curso de una enfermedad a través del tratamiento por medio de radioterapia de mujeres que padecían cáncer. A lo largo de la investigación pudo observar que las mujeres que *anticipaban* resultados negativos sufrían los peores efectos secundarios.

Simonton utilizó, en primer lugar, la terapia de visualización con un hombre de sesenta años que sufría de un avanzado cáncer de garganta. Se ofreció al paciente participar en un programa de relajación y visualización tres veces al día, de cinco a quince minutos, al despertarse por la mañana, después de comer y por la noche antes de acostarse. Cuando se sentía suficientemente relajado, se le sugería que creara imágenes mentales de las células cancerígenas al ser bombardeadas por la terapia de rayos que estaba recibiendo. En efecto, el paciente imaginaba pequeños proyectiles de energía que destruían las células malignas, que a continuación las células blancas eliminaban del cuerpo. Al final de la sesión podía visualizar cómo el tumor se reducía y él recuperaba la salud. Poco a poco, comenzó a sentirse mejor, más fuerte, y tras dos meses, desaparecieron los síntomas del cáncer.

Asimismo, este paciente utilizó dicha técnica para mejorar el estado de la artritis que padecía, visualizando como las superficies de las articulaciones se volvían más y más suaves. En poco tiempo se sintió en condiciones de volver a ir a pescar. Sintiéndose entonces plenamente seguro de su poder de autocuración, decidió abordar la autocuración de su impotencia sexual que arrastraba hacía ya veinte años. El índice de supervivencia de los pacientes de Simonton es el doble de la media nacional de los Estados Unidos.

Louise Hay, la mujer californiana que se curó por sí misma de cáncer, también colabora en la utilización del método de las afirmaciones y visualizaciones. Uno de sus mayores logros ha sido Louis Nassaney, quién se autocuró de Sarcoma Karposi siguiendo sus consejos y que desde entonces ha experimentado la detención y la reducción de la sintomatología del sida.

Se ha comprobado que la curación por visualización resulta más eficiente si las imágenes mentales creadas son de naturaleza no violenta. Por ejemplo, visualizar tiburones devorando celúlas cancerígenas no parece brindar resultados tan positivos como imaginar un encuentro de fútbol entre buenos y malos (las células blancas y las cancerígenas) en el cual los buenos, naturalmente, siempre ganan. Louise Hay hizo que Nassaney visualizara la lesión de su muslo como si fuese la marca de un lápiz. Cada noche creaba una imagen mental de sí mismo borrando la lesión con un lápiz borrador. Además, visualizaba sus células blancas como si se tratase de conejos reproduciéndose a una escala abrumadora.

Después de cuatro meses, la lesión comenzó a desaparecer y, en octubre de 1984, una biopsia realizada en el hospital de Los Ángeles reveló que sólo quedaba el tejido muerto de una cicatriz.

No es muy sorprendente que la corriente tradicional de la medicina haya comenzado a dar muestras de interés por la terapia de visualización, en especial cuando los tratamientos habituales se han mostrado ineficaces. Es más, uno de los hospitales universitarios más destacados de Londres, St. Mary's in Paddington, ha empezado a utilizar dicha terapia.

"Disolver modelos disuelve enfermedades"

El sistema de Louise Hay se basa en la convicción de que "disolver modelos disuelve enfermedades", así como de la suprema importancia de hablarse a sí mismo. Uno de los ejercicios que recomienda para contrarrestar los efectos de las propias imperfecciones consiste sencillamente en mirarse en el espejo y decirse, "En realidad, te quiero muchísimo". (Me permito la licencia de agregar que, si te sientes insatisfecho con tu cuerpo, puedes hacerlo desnudo, frente a un espejo que refleje la totalidad de tu cuerpo.)

Hemos de deshacernos de la culpa, el resentimiento, el temor y la falta de autoaceptación. Hemos de aprender a amarnos a nosotros mismos. He aquí la clave de la capacidad de la autocuración, ya que los sentimientos negativos envenenan el cuerpo y puede, tarde o temprano, manifestarse en síntomas de perturbaciones físicas. Los pensamientos amargos no pueden más que amargar la sangre.

Cambiar las actitudes que puedan haber contribuido a dar origen a una enfermedad resulta esencial, de otra forma la constelación de nuestra energía permanece inalterada. Incluso si, por ejemplo, tras extraer un tumor no se modifica la manera de pensar y actuar, es bastante probable que el cáncer se desarrolle en otras zonas del cuerpo.

Sabemos que creamos nuestro futuro sobre las bases de lo que pensamos y decimos AHORA, en especial los pensamientos acerca de nosotros mismos y el contenido de nuestras palabras. Ha sido científicamente reconocido que un estado de ánimo negativo atenta contra el sistema inmunológico y por tanto nos deja desprotegidos, no sólo de cara al cáncer y el sida, sino también ante cualquier otra patología. Asimismo, de todas las clases de negatividad, aquélla dirigida en contra de uno mismo supone los mayores riesgos. Al recibir un ataque exterior siempre nos queda la posibilidad (de no existir otros factores condicionantes) de ofrecer resistencia. Pero si el enemigo se halla dentro de uno mismo, revestido como falta de autoaceptación o constantes autorecriminaciones, no hay quien pueda hacerse cargo de la defensa. Por ello, resulta previsible que (puesto que el cuerpo refleja la realidad psíquica) el sistema interior de defensas (por ejemplo, el sistema inmunológico) padezca una fase depresiva ligada al estado del ánimo.

Amor e Inmunidad

Bernie Siegel, profesor clínico de cirugía de la Facultad de Medicina de Yale, afirma categóricamente en su libro, *Love, Medicine and Miracles*,

"La verdad es que la gente feliz no suele enfermarse... Estoy convencido de que el amor incondicional es el estimulante conocido más potente del sistema inmunológico. Si dijera a mis pacientes que elevaran el nivel de inmunoglobulina o células T asesinas de su sangre, nadie sabría cómo hacerlo. Sin embargo, si pudiese enseñarles a amarse a sí mismos, y a los demás, con todas sus energías, los mismos cambios tendrían lugar de forma automática. La verdad es que el amor cura".

Mirar películas románticas sirve para fortalecer el sistema inmunológico, según sentencieran en 1982 los psicólogos David McClelland y Carol Kirshnit de la Universidad de Harvard. De acuerdo a los estudios realizados, mirar dichas películas incrementa los niveles de inmunoglobulina A en la saliva, nuestra primera línea de defensa contra los constipados y otras enfermedades virales. Los mismos investigadores hallaron que un documental acerca de la vida de la madre Teresa de Calcuta producía un incremento inmediato y significativo del nivel de inmunoglobulina en la saliva de los espectadores, al margen de la simpatía o el desagrado conscientes hacia la figura de la religiosa. El Dr. McClelland señaló que, además, el mero hecho de recordar situaciones románticas del pasado, de amar o sentirse amado, aumenta el nivel de inmunoglobulina.

Así es que nuestros sistemas inmunológicos están profundamente influenciados por la energía, bien sea positiva o negativa, que irradiamos así como por la que recibimos desde el exterior. La combinación del amor a sí mismo, las afirmaciones y visualizaciones (así como, desde luego, una alimentación buena, ejercicios físicos regulares y un entorno natural y fresco) parecen constituir una disciplina diaria esencial para cualquiera que padezca una enfermedad o exceso de vulnerabilidad.

En una oportunidad tuve que asistir a un portador del virus del sida. Se hallaba muy atemorizado porque el médico le había comunicado que, en el último análisis de sangre efectuado, el nivel de linfocitos había descendido al nivel mínimo de 184, recomendándole que era oportuno comenzar a tomar Retrovoir. Durante el mes siguiente comenzó a practicar una terapia de visualizaciones, disminuyendo el estrés que padecía y tratándose a sí mismo con mayor ternura de lo habitual.

El paciente visualizaba su pequeña cantidad de linfocitos desplazándose a través de un torrente (su sangre). En las orillas del torrente había sapos que se alimentaban del virus incrustado en las células. Una bandada de pájaros pequeños al estilo Disney descendía luego sobre las células, dividiéndolas con sus picos para así multiplicarlas. Mi paciente se había propuesto duplicar el número de linfocitos para el próximo análisis de sangre. Para su sorpresa y satisfacción, el siguiente recuento reflejó que había incluso superado los resultados que se había propuesto. La cantidad de linfocitos se había elevado a 684. Su médico no pudo ocultar la sorpresa cuando poco tiempo después tuve la oportunidad de hablar con él. Especialista en sida, me confesó que a lo largo de su vida profesional jamás había observado una mejoría tan significativa en un paciente.

Amar y perdonar

Puede que nos empeñemos en hacer afirmaciones y visualizaciones hasta al hastío, pero a menos que sintamos amor por nosotros mismos es bastante improbable que cosechemos resultados significativos. Nuestras actitudes negativas actuarán como drenajes de la energía positiva que intentamos generar. Al parecer San Pablo estaba en lo cierto: la Fe y la Esperanza son importantes, pero el Amor es el valor supremo.

El perdón ocupa una porción considerable del concepto de amar. De hecho, es imposible amar sin perdonar una y otra vez. El vínculo entre el desarrollo del cáncer y la acumulación de resentimientos fue establecida hace ya muchos años. El Dr. Carl Simonton y su esposa Stephanie hallaron en un estudio que el típico paciente de cáncer manifiesta una tendencia marcada a acumular resentimiento y no poder perdonar. Tiempo antes, el psicólogo neoyorquino Lawrence LeShan, en un estudio efectuado con 250 enfermos de cáncer, elaboró el "perfil del cáncer". Descubrió que todos padecían sentimientos de autoaberración y una cierta incapacidad de defenderse ante las agresiones. Por otra parte, las relaciones con sus padres eran especialmente tensas.

La curación es el signo exterior de la restauración de la armonía y el equilibrio interiores. El odio, tanto a uno mismo como a los demás, aniquila la calma mental que, por el contrario, debería constituir una prioridad. Perdonar no implica aceptar la injusticia: significa simplemente alejarse de las actitudes negativas que puedan llevar a la enfermedad y la infelicidad. En el capítulo 9 se sugiere cómo llevar a cabo dicha tarea, incluyendo la carga de experiencias pasadas, a pesar de que siempre hay en nosotros cierta reticencia a librarnos del rencor y lo motivos de queja. Sin duda, merece la pena probar. En 57 casos documentados de "curas de cáncer milagrosas" citadas por el profesor Siegel, los procesos de recuperación fueron el paso siguiente a la decisión consciente de librarse del rencor y la depresión. Desde ese momento los tumores comenzaron a reducirse.

Afirmaciones útiles para la curación

SÉ que poseo el poder para curar mi cuerpo y alcanzar un estado de salud radiante y perfecto.
Dios me protege de todas las infecciones.
Cada día, en todos los sentidos, me voy sintiendo mejor.
Me siento bien, tengo buen aspecto, ESTOY bien.
Deseo profundamente deshacerme de cualquier esquema mental que haga enfermarme.
Ya no necesito estar enfermo.
Cada vez que respiro me siento vivo.
No tengo palabras para describir lo bien que puedo sentirme.
Siempre estoy satisfecho conmigo mismo. Estoy enamorado de mí mismo.
Mi cuerpo no es más que luz y claridad.
Me gusta y quiero a mi cuerpo.
Me siento fuerte e irradio energía.
Mi sistema inmunológico se vuelve más y más fuerte.
Merezco disfrutar de una salud radiante.
Cada mano que toca mi cuerpo cura mis dolencias.
Los médicos están perplejos con mi rápida recuperación.
El tratamiento está funcionando a la perfección: no hay efectos secundarios.

Mi [aquella parte del cuerpo que padece la alteración] *se está curando rápidamente.*
Perdono a todos aquellos de los que pensé equivocadamente, trataron de hacerme daño.

Visualizaciones útiles para la curación

1. Imagina aquella parte de tu cuerpo que esté afectada. Procura ver que, en la forma más adecuada, la curación comienza a suceder. Por último, contempla cómo la parte enferma se cura completamente.
2. Contempla cómo has recuperado un estado de salud perfecto. ¿Qué experimentas al sentirte fuerte de nuevo, al haber recuperado todas tus energías y el apetito? Procura conservar esta imagen y recordarla (junto a la sensación que la acompaña) a lo largo del día.
3. Cuando vayas al lavabo, imagina que eliminas todas las toxinas, impurezas y gérmenes de tu cuerpo. (He hallado que la imagen de una piscina vaciándose y drenando toda la suciedad resulta muy útil.)
4. Imagina que una luz blanca, clara y brillante desciende sobre tu cuerpo desde lo alto. Penetra en tu cuerpo a través de tu cabeza y sale por tus pies. Procura sentir que la luz limpia, purifica y fortalece todas las partes de tu cuerpo.
5. Procura recordar, una tras otra, todas aquellas personas que te quieren y desean que te cures. Escúchalos decirte que te aman y que desean que te pongas mejor. Deja que su energía positiva penetre en ti. SIÉNTELA. A continuación reúne a todos tus amigos y a quienes te quieren. Agradéceles y manifiéstales tu amor por ellos. (Ésta es una visualización recomendada por Martin Brofman, famoso internacionalmente por las curaciones que ha inducido y antiguo ejecutivo de Wall Street que en 1975 se curó por sus propios medios de un cáncer de garganta.)

6. TU ALIMENTACIÓN

*Sé contigo mismo
como serías con tu amigo.*

SHAKESPEARE. *Rey Enrique VIII, I.*

Alimento físico

El amor incondicional a sí mismo es una forma de alimento esencial de la dieta espiritual. Amarte a ti mismo supone, por ejemplo, tratar tu cuerpo con respeto, brindándole el alimento que necesita para conservarse saludable, ejercitándolo en un entorno natural, evitando los excesos y las adicciones que puedan debilitarlo. La mayor parte de nosotros sabe reconocer una dieta equilibrada y sana, la importancia de un régimen alimenticio vegetariano basado en cereales, en tanto se evita el consumo de carnes rojas y alimentos con elevado contenido de colesterol, azúcar y aditivos. Nunca antes tanta gente había comprendido el vínculo entre lo que introducimos por la boca y el estado de salud.

Y aún más, existe un creciente grado de conciencia acerca de las alteraciones que puede provocar una mala alimentación. La gente tiene en cuenta los hábitos de alimentación y el modo de relacionarse con la comida, al mismo tiempo que comprende las consecuencias de la alimentación y los abusos.

Si tenemos una imagen pobre de nosotros mismos y somos incapaces de amarnos incondicionalmente, puede que intentemos abusar y tratar de ejercer cierto control a través de la comida. Los anoréxicos se niegan obsesivamente el alimento. Los bulímicos reprimen los sentimientos negativos entregándose a los excesos alimenticios para luego, hundidos en la culpa, vomitar lo ingerido. Quienes comen en exceso procura llenar los vacíos de sus vidas a través de la comida, sin embargo, jamás lo logran. Es necesario aprender a cambiar nuestra relación con la comida. Hemos de prestar atención a la cantidad de proteínas y calorías que ingerimos pero también es necesario detenerse a observar de qué modo los hábitos alimenticios reflejan a su vez la influencia de nuestras actitudes ante la alimentación espiritual y emocional.

Prestar atención a la dieta y reconocer que, como dicen los yoguis, "somos lo que comemos", constituye un paso importante para cualquiera que desee convertirse a sí mismo en su mejor amigo.

Resulta imposible, por medio de generalizaciones, establecer cuál es la dieta "correcta" puesto que cada uno de nosotros es un individuo diferente. No obstante, aquí surgen algunos detalles que conviene observar con atención si se quieren mejorar los hábitos alimenticios.

- ¿Te olvidas o escatimas alguna comida?
- ¿Comes demasiado?
- ¿Ingieres suficiente cantidad de proteínas?

• ¿Ingieres suficiente cantidad de vitaminas (en especial vitamina B) y minerales?
• ¿Tomas demasiada azúcar?
• ¿Comes suficiente cantidad de alimentos con fibra?
• ¿Bebes suficiente cantidad de agua (de dos a tres litros) durante el día?
• ¿Bebes alcohol en exceso?
• ¿Te tomas suficiente tiempo para digerir los alimentos?

Alimento espiritual

Aparte de las necesidades físicas de nuestro organismo, también necesitamos otro tipo de alimentación. La madre Teresa ha señalado insistentemente que las "carencias espirituales" son el resultado de la falta de alimento espiritual. También es necesario satisfacer el apetito emocional y mental –en otras palabras, el apetito espiritual– para alcanzar un verdadero bienestar. Todos somos el resultado de una combinación de elementos físicos y mentales, y negar aquellas zonas más sutiles de nuestro ser no lleva más que a somatizar los desequilibrios a través de síntomas corporales. Como hemos visto en el capítulo 5, ésta es la manera en que se generan las enfermedades, desde dentro hacia fuera. Desatender el malestar en el aura (el sutil campo de energía, del largo de un brazo, en torno a nuestro cuerpo) puede convertirse en una enfermedad de gravedad. Si uno se encuentra en paz consigo mismo, su sabiduría interior le hará notar que hay algo que no marcha del todo bien. Cualquier enfermedad es preanunciada por una sensación de "tristeza", de que algo no va bien, un estado de depresión o fatiga. Una enfermedad siempre está bastante desarrollada antes de manifestar los primeros síntomas a nivel físico.

Sentirse bien y estar bien

En 1957 Sir Heneage Ogilvie, cirujano consultor en el Guy's Hospital de Londres, sorprendió a sus colegas al afirmar que "el hombre (o la mujer) feliz jamás contrae cáncer". Dicha afirmación se hace eco de la opinión de Sir James Paget, quien en el pasado siglo dijera que la causa real del cáncer era el sentimiento de decepción.

Al parecer, todo indica que disfrutar y gozar es un medio de profilaxis. La mejor manera de *estar* bien es *sintiéndose* bien. El sentido del humor, el no tomarse las cosas demasiado seriamente, es un componente muy destacado del bienestar físico y espiritual. Esta visión ha sido corroborada por la experiencia de Norman Cousins, autor del best-seller *Anatomía de una enfermedad*. Cousins sufría una enfermedad muy dolorosa e incurable denominada espondilosis anquilosante (una enfermedad del tejido conectivo) por la cual los médicos lo habían desahuciado. Sin embargo, comenzó a experimentar una ligera mejoría al abandonar el hospital e instalarse en la habitación de un hotel en donde podía divertirse y disfrutar mirando vídeos de *Cámara Indiscreta* y viejas películas de los Hermanos Marx. En su caso, la risa demostró ser la "mejor medicina", con la ayuda de altas dosis de vitamina C.

Amar y ser amado

La experiencia de amar y ser amado también puede constituir una fuente de curaciones milagrosas. Como hemos visto, incluso la meditación sobre estas experiencias por medio de visualizaciones puede vigorizar nuestro sistema inmunológico. Rodearse de la mayor cantidad posible de gente tierna, sensible, dispuesta a amar, gente con "buenas vibraciones" es, en consecuencia, una de las principales formas de amarse a sí mismo. Al permitir y fomentar que el amor sea un eje fundamental de nuestras vidas, encontraremos más amor a nuestro alrededor. Recibiremos la energía que hemos exteriorizado, aunque multiplicada.

Asegúrate siempre de exteriorizar grandes cantidades de energía positiva, y no negativa, hacia los demás. Trata de interactuar con tus amigos según los principios de un intercambio mutuo. Esto supone intercambiar alternativamente mensajes positivos y cargados de afecto. Asimismo, brinda a los demás la libertad de:

• gozar de tu atención plena cuando están hablando;
• poder comunicarse a través de la mirada;
• compartir sus espacios –incluso cuando no estás de acuerdo o no los comprendes;
• no contradecirlos o juzgarlos.

No olvides compartir *sentimientos* y procura siempre encontrar algo positivo para decir, puesto que la negatividad contrarresta y neutraliza las vibraciones del amor.

Conviene evitar a aquellas personas de naturaleza negativa, que no cesan de quejarse acerca de las terribles carencias de los demás, de los malos tratos que han recibido y cosas similares. Ellos son los responsables de su propia miseria, son adictos a sentirse víctimas eternas. No les permitas que te arrastren a su miseria. Aprende a decirles "No".

Ser y sentir

Al hablar de la alimentación de uno mismo se hace referencia al sustento nutritivo, a las experiencias placenteras mientras se procuran evitar, de una u otra forma, las circunstancias crueles e inflexibles. Al igual que sucede con la necesidad de irradiar una energía clara y positiva, esto también se trata de una cuestión de equilibrio. El *hacer* compulsivo es una de las manifestaciones más corrientes del desequilibrio interior de la persona. Escasas veces uno se permite, lisa y llanamente, ser.

Hemos de aprender a relajarnos apropiadamente con el propósito de ponernos de nuevo en contacto con nosotros mismos y poder así alimentar nuestros sentidos. Cuando conseguimos relajarnos, nos abrimos las puertas a lo que el neurólogo W. B. Cannon llamaba la respuesta de "lucha o vuelo" y hundirnos en lo que el Dr. Herbert Benson, investigador de los mecanismos de la tensión y la relajación, llamó la "respuesta de la relajación".

Al ocurrir dicho fenómeno, ciertos cambios se producen en la actividad de las hondas cerebrales que resultan marcadamente diferentes a las que se registran durante el sueño. Esto puede medirse por medio de un electroencefalograma (EEG), cuyos resultados revelan que durante la mayor parte del estado de vigilia la longitud de las ondas cerebrales se circunscriben al registro de beta, es decir, que la actividad eléctrica del cerebro se registra entre 14 y 26 Hz (ciclos por segundo). Si nos hallamos en una situación de estrés, vale decir cuando uno comienza a sentirse tenso o "acelerado", dicho nivel se eleva en la escala beta. La famosa respuesta de "lucha o vuelo" constituye un registro elevado de beta.

Durante las fases de relajación las ondas cerebrales comienzan a desacelerarse hasta alcanzar niveles de frecuencia que rondan entre 8 y 13 Hz, llegándose así al denominado estado alfa. Podría describirse como la sensación de las "vacaciones" o la sensación de estar rodeados de una espacio amplio y sin la presencia de presiones. Cuanto más se relaja uno, mayor profundidad se alcanza en el estado alfa, y más fácilmente pueden sentirse los beneficios de dicho estado de bienestar en el marco del cual se opera la recarga de las baterías.

Cuando estamos en beta, por otra parte, es verdad que desplegamos una conducta productiva. Pero beta no es un estado de deleite en tanto que alfa sí. La vía real que parte de beta con destino a alfa es una vía a través de los *sentimientos*. Necesitamos reencontrarnos con nuestro cuerpo, tomarnos el tiempo y el espacio suficientes para armonizar el ritmo con nuestros procesos. Ello a menudo puede truncarse por efecto de las presiones exteriores, fenómeno que las sagas taoístas llaman las "diez mil cosas". Casi sin respiro sufrimos su alienación, resultando una pérdida de contacto con uno mismo y con la propia vida emocional. Fritz Perls, fundador de la terapia Gestalt (ver capítulo 4), supo describirlo con palabras muy acertadas: "Hemos de perder nuestra mente para recuperar nuestros sentidos".

Procura dejarte un rato libre cada día para realizar una sesión de relajación, quizá pueda servirte el método de Relajación Profunda descrito en el capítulo 8.

Existen muchas otras formas de alimentación personal a través de la relajación, y cada uno puede que tenga sus propias ideas acerca de cuál es el método más efectivo cuando se siente tenso. Hay quienes disfrutan trabajando en el jardín o con alguna otra forma de comunicación con la naturaleza. Caminar por el campo, como nadar en el mar, devuelve la sensación de frescura y limpieza a niveles muy profundos. Contemplar la belleza y la perfección de la naturaleza, por ejemplo un atardecer, proporciona experiencias estéticas de valor insoslayable. Para algunas personas, naturalmente, dicha sensación se circunscribe a lo que denominan experiencias religiosas, ya que ellas sirven para recordar que formamos parte de un Todo.

En este sentido cabría mencionar que la oración es un alimento que cala en lo más profundo de nosotros. Nos recuerda nuestra pertenencia al Universo y realimenta nuestras baterías espirituales. Se ha señalado que la "oración no cambia a Dios sino al *hombre*" y cuando nos encontramos sumidos por la angustia, el dolor de la pérdida, desesperadamente enfermos o aplastados por las desgracias, es casi la única vía de ayuda. Rendirse a la "voluntad de Dios" cuando todo se desmorona a nuestro alrededor es, paradójicamente, una fuente de energía. Es más, la estructura física que acompaña a ciertas formas de oración puede favorecer la relajación, la consecución de una manera de alimentación: sentarse o arrodillarse en un entorno silencioso, a la luz de una vela, con música suave de órgano, los ojos cerrados, repitiendo invocaciones, etc.

¡Disfrutar!

Música
La música, "el alimento del amor", también causa efectos similares a la oración puesto que estimula el centro del corazón y consuma un efecto purificador. Asimismo, para gran parte de nosotros, es una de las formas más sencillas de alcanzar el estado alfa, disminuyendo la presión sanguínea, desacelerando el ritmo cardíaco y aumentando el flujo de los jugos gástricos. A pesar de que el gusto musical responde a preferencias marcadamente personales, algunos estudios han demostrado que ciertos ritmos de música barroca, y en especial Mozart, resultan los más relajantes debido a que reflejan las frecuencias halladas en el estado alfa. Hay quienes han obtenido muy buenos resultados con la música instrumental "New Age".

Ejercicio
Considerando que la mayoría de nosotros pasa gran parte de la jornada laboral "merodeando en su propia cabeza", es decir pensando, planificando, calculando y relacionando al nivel que exigen los negocios o la ocupación, cualquier actividad fuera del horario de trabajo que sirva para devol-

vernos a "nuestros cuerpos" aportará necesariamente alivio y ayuda para restaurar el balance. Esto, desde luego, explica en cierto modo la gran difusión alcanzada por el *jogging* o la gimnasia aeróbica. Bailar es una forma ideal de ejercicio. Bailar es celebrar la *posesión* de un cuerpo y festejar el hecho de estar vivo en este planeta. Seguir el flujo musical permite hallar el centro de equilibrio. Al expresarnos con entera libertad inyectamos nueva vida en la energía estancada. Más que nada, es fuente de placer y, como ya hemos dicho, hacer algo con lo que uno realmente disfruta es un alimento muy profundo.

"Despierta tus sentidos"

Al usar un poco la imaginación, podemos convertir las experiencias más triviales y mundanas en fuentes de gran alimento. El baño, sin ir más lejos, puede transformarse de la rutina mecánica de cada día en una deliciosa experiencia sensual, sirviéndonos para "despertarnos los sentidos" así como para facilitarnos un espacio vital y una relajación profunda. La luz de una vela junto a la bañera, sales de baño que perfuman el agua, un fondo musical suave, pueden ayudar para hacernos sentir bien, en definitiva, la razón primera y última de las técnicas de alimentación personal.

Un adecuado masaje posterior aumenta el nivel de relajación brindando sensaciones placenteras y sensuales. Si llevas un ritmo de vida un poco frenético, pide a un amigo que te haga masajes con regularidad.

Entorno

Una de las maneras más obvias a través de las cuales podemos manifestar el amor a uno mismo se refleja en el entorno que nos rodea. Ya hemos señalado la importancia de relacionarnos, dentro de lo posible, con personas que tengan buenas vibraciones. El mismo grado de importancia tiene el entorno en el cual vivimos. Crear un hogar en el cual uno pueda sentirse seguro, que sea cómodo, luminoso y al cual nos apetezca llegar es de un valor inestimable para el bienestar personal. Nuestro entorno no hace sino reflejarnos, y a su vez nos influye y condiciona.

Una solución muy efectiva para superar la predisposición mental en caso de estar deprimido es canalizando la energía en la limpieza del lugar que se habita. Cuanto más desordenada (o peor aún, sucia) está tu casa, peor te sentirás. No sólo mejorará tu estado de ánimo después de una sesión de limpieza, fregado y puesta en orden, sino la condición del lugar que te cobija. Cuanto más energía le dediques, mayor será el brillo que le saques. Tu hogar debería convertirse en un lugar al cual te hiciera feliz invitar a tus amigos, para llenarlo con amor y buenas vibraciones. Transfórmalo en un espacio del que *ellos* disfruten, decorado con plantas y flores, una luz cálida y acogedora, donde puedan sentarse y relajarse mientras escuchan música.

Una vez que hayas dado por terminada la limpieza de tu hogar, dirige la atención a tu propia apariencia. Cuídate, mímate un poco haciéndote un nuevo corte de pelo, comprándote ropa, incluso la visita a una manicura puede causar maravillas para fortalecer la autoestima. Y recuerda, lo has de hacer con un primer próposito: satisfacerte a ti mismo.

Afirmaciones útiles para la alimentación

Siempre se soluciona todo, de modo que las cosas están solucionándose AHORA.
Será tu voluntad, y no la mía.
Me someto a la voluntad de Dios.
Al ser bueno conmigo mismo me siento plenamente SEGURO.

Tanto me esfuerzo en alimentarme a mí mismo como lo hago con los demás.
Puesto que me amo a mí mismo,
*   me alimento bien, hago ejercicio y duermo suficientes horas.*
*   Sólo me entrego a experiencias buenas.*
*   Hago de mi hogar un espacio en el que me agrada vivir.*
*   Busco relajarme cada vez que lo necesito.*
*   Sólo hago aquello que me hace disfrutar.*
*   Escojo relacionarme con personas positivas y nutritivas.*

Visualizaciones útiles para la alimentación

Trata de recordar aquellas oportunidades en las que te has sentido profundamente feliz, cuando todo estaba bien y el mundo parecía afín a tus deseos. Procura recuperar la sensación que sentías en ese momento. Trata de recrearla, de sentirla nuevamente. ¿Dónde estabas? ¿Qué estabas haciendo? ¿Con quién estabas (si estabas con alguien)? ¿Por qué la experiencia fue tan placentera?

7. ESTAR AQUÍ Y AHORA

Contempla las azucenas del campo,
cómo crecen; no se fatigan,
tampoco se agitan...

Mateo, 6, 28

"Saber" y "pensar en"

Somos capaces de proporcionarnos numerosas experiencias placenteras a modo de alimento pero, salvo que estemos realmente *presentes*, los esfuerzos serán en vano. Irremediablemente, no habrá nadie allí para disfrutarlas. Puede que tu cuerpo esté presente, pero *tú* estarás en otro lugar. Ese otro lugar es muy probable que esté alojado en tu mente, perdido en el transcurso del pensamiento, preocupado por algo, o sencillamente desplazándote en tu imaginación hacia la *siguiente* experiencia. Estamos allí donde está nuestra atención. La expresión "estar aquí y ahora" resulta una noción fundamental en la meditación Zen que pone el énfasis en la importancia de estar centrado en el presente. Para más detalles acerca del Zen y la meditación en general, ver capítulo 8.

En pocas oportunidades nos permitimos experimentar con plenitud las circunstancias que nos rodean. Nos desplazamos de la experiencia A a la experiencia B como si fuésemos mariposas, revoloteando de aquí para allá, nunca saboreando a fondo la satisfacción de *este* momento. Para poder experimentar dicha satisfacción hemos de aprender a desplazarnos de A1 a A2 y a A3, antes que hacerlo directamente de la situación A a la B. En otras palabras, *sentir* en profundidad cada experiencia, saborearla en toda su plenitud, a través de los sentidos y evitando el filtro de la mente. "Saber" no significa lo mismo que "pensar en".

El desarrollo del lenguaje, o la lectura, constituyó un paso trascendental en la evolución y el desarrollo de la conciencia de la especie humana. Hizo de la comunicación un fenómeno más simple, más rápido y claro. Hemos aprendido a utilizar símbolos para reemplazar a las cosas, y ello satisface la necesidad, cada vez que queremos referirnos a algo, o que tenemos que describirlo a otra persona. Las palabras suponen un tipo de taquigrafía, todos sabemos para qué sirven. Sin embargo, no debe confundirse la lista de platos con la comida. La carta no satisface el hambre.

Una creencia de la tradición Zen reza "Deja que la mente no posea un lugar permanente". Así, únicamente cuando podemos desembarazarnos de las ideas fijas acerca de aquello que *debería* ser, nos abrimos suficientemente como para sentir las experiencias tal como en realidad *son*. Al observar una rosa, por ejemplo, no podemos saborear su naturaleza única si estamos pensando *en* ella, a qué tipología pertenece, cuál es su grado de perfección, si tiene manchas, etc. Estos juicios operan como un filtro que nos impide experimentar directamente *esta* rosa y abandonarnos al encanto de su fragancia, textura o color. Por tanto, perdemos la oportunidad de gozar de la experiencia total y fresca de la condición de ser rosa. La mayor parte de nosotros vive una vida limitada por esta clase de experiencias, en realidad, semiexperimentando el mundo, sólo porque no estamos abiertos a lo nuevo. Siempre caemos en formular comparaciones con el orden observado en el pasado, la tentación de los juicios terminantes, las clasificaciones, los estereotipos. De este modo perdemos casi sin interrupción la *intensidad* de la experiencia. No obstante, después no entendemos por qué la vida parece repetitiva y monótona.

Dicha descripción se aplica tanto a las rosas como a las relaciones que establecemos con nuestros semejantes. No sabemos apreciar a nuestros compañeros, pensamos que ya los conocemos, y los condenamos a actuar de acuerdo al hábito y el pasado, en lugar de dejarlos que nos sorprendan. Y entonces nos quedamos atónitos cuando el romance se desvanece. ¿Por qué estábamos aburridos? ¿Por qué todo parecía tan repetitivo y previsible? Tan anclados estamos en el pasado que no nos permitimos volver a nacer cada día, en cada instante. La vida no es algo permanente sino una transformación constante que siempre se trae algo nuevo entre manos.

Librarse del pasado

Ya hemos visto la importancia de librarse del pasado, aprender a perdonar, si es que deseamos sentirnos bien. La perpetuación del pasado no sólo crea monotonía sino que nos vuelve viejos, e incluso puede hacernos caer en la enfermedad. Estancarse en resentimientos y sinsabores del pasado, según se ha demostrado, puede provocar efectos letales. Los pensamientos negativos convierten la sangre en un agente fagocitador de la vitalidad. Las investigaciones del

Dr. Carl Simonton y otros especialistas indican que existe un vínculo muy destacado entre el rechazo a perdonar y el desarrollo de cáncer, por ejemplo. Asimismo, Carolyne Myss, clarividente médico y periodista, ha sugerido que no es accidental que los grupos de alto riesgo de contraer SIDA estén formados por personas que se sienten socialmente marginadas, que han desarrollado el esquema mental de la víctima y que no se sienten seguros en este mundo: homosexuales masculinos, heroinómanos, prostitutas y habitantes del continente africano, el grupo más victimizado del planeta. Al sentirse uno siempre marginado, la ausencia de sensación de pertenencia o la sensación de rechazo o falta de aceptación, debilita el sistema inmunológico como ningún otro factor condicionante podría llegar a hacerlo. Sin embargo, no existen "forasteros"; todos pertenecemos. Éste es nuestro planeta.

Si bien tendemos a ser absorvidos por las experiencias del pasado, en lugar de permanecer en las circunstancias del presente, ello se debe en gran medida a lo que la Terapia Gestalt (ver capítulo 4) ha dado en llamar "situaciones inacabadas". Tal concepto comprende aquellas situaciones pasadas, que no fueron resueltas en su momento, y que giran en torno a uno como si de fantasmas se tratase y atormentando nuestra vida presente. Las experiencias que han desarrollado todo su ciclo, las que hemos acabado, se desvanecen sin dejar rastro. Aquello que experimentamos en su totalidad desaparece de la conciencia y no será fuente de problemas. Es más, ni siquiera lo recordaremos.

Es sumamente importante tratar de solucionar las situaciones inacabadas, exorcizar los demonios de la culpa, el resentimiento y el temor, para así poder estar abiertos y dispuestos a percibir lo nuevo. El perdonar agravios pasados –y perdonarse a sí mismo, una y otra vez– afrontar los propios temores, reconsiderar las ideas y los valores que fueron incorporados cuando uno era demasiado joven como para comprender en qué medida podían ser tóxicos, es una limpieza constante dc la psique que sirve para deshacerse de las ataduras del pasado.

Puede que la asistencia de otra gente sea de gran ayuda en esta tarea en tanto puedan *escuchar*, sin juzgar, el contenido de tus palabras. Aquí radica la clave de la terapia y la asistencia psicológica. Muchas veces un buen amigo en quien uno confía puede resultar de una ayuda inestimable, y ciertamente mucho más económico que un terapeuta.

Existen también, sin embargo, técnicas que puedes emplear por ti mismo para provocar la transformación de la perspectiva bajo la cual observas la realidad, incluyendo afirmaciones y visualizaciones ofrecidas al final del presente capítulo.

El "lugar permanente de la mente" puede estar inducido, al fin y al cabo, por nuestras expectativas acerca del futuro, en lugar de los recuerdos del pasado. No son pocos quienes sacrifican las perspectivas del presente por la atracción que despierta el futuro. Al asumir esta actitud, se ha manifestado la preferencia por un mundo de fantasía en detrimento de la opción de la realidad. A menudo las fantasías están cargadas de catastrofismo y angustia. Existe una amplia brecha entre la posibilidad de emplear la fantasía de un modo creativo, como una visualización, por un lado, y abandonarnos al pánico por el efecto de expectativas catastróficas, por otro.

Temor al futuro

La actitud de quien evita vivir en el presente responde, antes que nada, al temor. Aun cuando nuestros recuerdos sean muy dolorosos, al menos no dejan de ser familiares. Su presencia y compañía nos permite saber dónde estamos y qué es lo que podemos esperar. Todos nosotros manifestamos temor ante la misma situación: lo desconocido. Vivir en el presente implica aceptar sin conocer y vivir sin estructuras. Lanzarnos al futuro supone negar el vacío en el que, de otra manera, quedaríamos estancados. En dicho vacío todas las clases de sensaciones de temor disponen de una posibilidad de abrir un surco, de irrumpir en la conciencia. Para evitar tal efecto tratamos de escapar, y en el intento nos escapamos de nosotros mismos.

Aquello que el futuro nos tiene reservado es, sin duda, absolutamente incierto. Así pues, ¿qué otra alternativa nos queda que no sea el pánico? La respuesta es aprender a *confiar* en que cualquier cosa que ocurra será buena y que el Universo no está al acecho para hacernos daño. El universo es benevolente y está de nuestro lado. Asimismo, nos proporciona el poder de crear nuestro futuro en cualquier momento. Nos deja libertad para crear nuestras propias pesadillas o razones de júbilo por medio del pensamiento. La decisión es nuestra.

Permanecer en el presente, tomar las situaciones tal como se presentan, experimentarlas en toda su plenitud, sentir deseos de aceptarse a uno mismo y su circunstancia, ofreciendo batalla a las dificultades en lugar de dejarse llevar por las fantasías del pasado o el futuro, es la esencia de la vida. Alguien, quizás acertadamente, se atrevió a denominarla "el sacramento del momento".

A ciertas personas el trabajo corporal les permite reencontrarse con el Ahora. Si tienes oportunidad de hacer shiatsu, masajes o kinesiología aplicada, por ejemplo, es probable que experimentes una maravillosa sensación de contacto con la tierra.

Afirmaciones útiles para estar aquí y ahora

Creo que todo lo que sucede es bueno.
Dios desea mi felicidad.
Mi futuro es brillante, seguro, saludable, próspero y tierno.
Me he deshecho del pasado, ahora soy libre.
Me libraré de todas las ideas negativas y castradoras que producen efectos negativos en mi vida.
Me libraré de todo el resentimiento, el dolor y la culpa.
Perdono a todos aquellos de los que pensé equivocadamente que habían tratado de hacerme daño.
Agradezco todos los milagros que suceden cada día.
La vida, cada día que pasa, es más bonita.
Dios me protege.
Yo no soy mi madre. No pienso ni siento como ella.
Yo no soy mis profesores, tampoco tengo sus ideas.
Perdono a mis padres desde lo más profundo de mi corazón.
Todo es perfecto cuando estoy en el Presente.

Visualizaciones útiles para estar aquí y ahora

Echar raíces en tierra

Siéntate en una silla con la espalda recta pero relajada, los pies en dirección paralela y las plantas apoyadas íntegramente sobre el suelo. Cierra los ojos, inspira en profundidad, y concéntrate en la base de la columna vertebral. Visualiza cómo el extremo inferior de tu columna vertebral se extiende lentamente, dividiéndose en dos raíces que pasan suavemente por debajo de tus piernas. Siente cómo tus pies están plantados con firmeza en el suelo, al igual que las raíces que pasan a través de ellos y se hunden en la tierra. Se van poco a poco hundiendo más y más en tanto te vas sintiendo más "enraizado", más "conectado a la tierra", con una base sólida y segura... Disfruta de esta sensación de seguridad por unos momentos en tanto observas cómo las raíces principales desarrollan raíces secundarias que a su vez se hunden más profundo en la tierra... Ahora siente cómo la energía de la tierra asciende lentamente por las raíces hasta alcanzar las plantas de tus pies. Imagina que esta energía es de color rojo, como si fuese lava volcánica. Siente cómo calienta tu cuerpo a medida que fluye por tus piernas y las dos "ramas" se vuelven a unir en la base de tu columna vertebral.

Conserva esta sensación de estar "enraizado" en el suelo y ser alimentado por la Madre Tierra mientras disfrutas de la solidez y seguridad que sientes.

Cómo librarse del temor

Imagina que el temor es como una nube negra que gira en torno a tu cabeza y a la cual estás ligado por una cuerda. Ahora despréndete de la cuerda y observa cómo la nube negra del temor se aleja de ti, volviéndose gradualmente más pequeña a medida que asciende. Continúa contemplándola hasta que se encuentre tan lejos de ti que no puedas verla.

Situaciones inacabadas

Esta visualización resulta útil para solucionar una experiencia dolorosa ocurrida en el pasado. Recuerda que al experimentar una situación en toda su *plenitud*, inexorablemente desaparecerá. Esta técnica se emplea en kinesiología aplicada, una de las terapias manipulativas, utilizada para trasmitir o despertar la energía curadora alojada en el cuerpo humano.

Siéntate ante una mesa llevando los dedos de las manos a la frente. Cierra y conserva cerrados los ojos. Recuerda el hecho pasado que te perturba y desearías solucionar. Procura observarlo en todos sus detalles: el lugar donde estabas, quién hablaba y qué decía, qué sucedió *exactamente*. El paso fundamental es recordar cómo te sentías. Vuelve sobre el recuerdo una y otra vez, intentando sentir el dolor o el temor que padecías, o cualquiera sea la sensación experimentada. Rememora las sensaciones y confía en que no son nada más que recuerdos, que no pueden causarte daño. Afróntalos y perderán el poder negativo que ejercían sobre ti.

Pronto percibirás el momento de poner fin al ejercicio, porque habrás de sentir que todo ha "acabado". Permanece sentado y en silencio por un rato y no reprimas ningún pensamiento que pueda surgir. Puede que tengas que repetir este proceso más adelante para extraer el "jugo" que pueda quedar o, lo que es lo mismo, la situación inacabada que aún permanezca.

8. CREA TU PROPIO ESPACIO

Anda o siéntate, pero no vaciles.

Expresión de la tradición Zen

Espacio físico

Creo, desde hace tiempo, que la dimensión del espacio que uno posee en este mundo está directamente relacionada con la posición ocupada en el orden social. Cuanto mayor es tu riqueza, mayor será la casa que puedas comprar; cuanto más famoso seas, más detalladas serán las indicaciones que formules para evitar intromisiones en tu intimidad. Asimismo, se ha llegado a admitir que no podemos *hablar* a un miembro de la realeza a menos que ellos se dirijan con anterioridad a nosotros, presumiblemente para proteger la "divinidad que rodea al rey (o la reina)". En el otro extremo de la escala, naturalmente, pobreza y hacinamiento son rasgos que van de la mano.

Sin embargo, el concepto de espacio no hace referencia a qué cantidad de habitaciones uno posee en su casa. Por encima del puro espacio físico también se levanta el espacio *psíquico*. Es más, me atrevería a arriesgar que la mayor parte de nosotros consideramos insuficiente el espacio psíquico del cual disponemos. Trabajamos para vivir, vamos de compras, cocinamos, nos preocupamos, estamos constantemente bajo presión para mantener "todo en funcionamiento". Aquello que se supone que debemos hacer para sobrevivir no deja de presentar y reclamar atención. Una vez acabada una tarea, una nueva reemplaza su lugar. Casi no hay descanso, tiempo y energía son bienes escasos (especialmente si se tienen hijos), a excepción de las esperadas dos o tres semanas al año cuando nos tomamos las merecidas vacaciones para "alejarnos de todo" –aunque con los hijos a cuestas. A veces, de hecho, el único modo para hallar un respiro en la vorágine de actividades y la acuciante sensación de estrés y presión es caer enfermo de gripe o coger un constipado fuerte que obligue a guardar cama. La enfermedad, al parecer, es casi la única razón para dejar a un lado las herramientas, una razón generalmente aceptada por la familia y los empleadores.

La mayoría de las actividades que debemos desarrollar son inevitables, y si queremos conservar el trabajo o la atención a quienes amamos, lisa y llanamente lo hacemos, bien sea con mayor o menor gracia. Lo que puede cambiarse, sin embargo, es *cómo* hacer lo que tenemos que hacer, además de procurar estar atentos a la necesidad de recargar periódicamente las baterías, en lugar de retomar la actitud mecánica bajo la creencia de que *podemos hacerlo*. Hemos de reconocer que vivimos en un mundo en el que se ha impuesto un ritmo frenético, y quienes habitamos en grandes urbes sufrimos un bombardeo constante de ruidos (una forma de contaminación), desviando nuestra atención hacia el tráfico, los anuncios comerciales y otras clases de sobreestimulación sensorial. Necesitamos crearnos un "espacio para respirar" y

Crea tu propio espacio

tomarnos un descanso de las exigencias diarias. De lo contrario, corremos el riesgo de ser presa fácil de cualquiera de las perturbaciones provocadas por el estrés.

Hacer, pero sin exagerar

Amarse a sí mismo, recuperar su poder interior, no convertirse en una víctima, son expresiones fundamentales de quien toma conciencia de sus propios niveles de energía y escoge no ir más allá de sus posibilidades. Esto debe llevarse a cabo *antes* de empezar a acusar el drenaje de fuerzas y escuchando la voz interior que dice cuándo uno se está pasando del límite. Si ignoras la voz interior, da por descontado que te hallarás en dificultades. Tómate el tiempo necesario para comprobar interiormente si en realidad deseas asumir más compromisos, en especial si están involucrados los límites de tiempo de otras personas. No exageres con tus posibilidades, recuerda establecer *tus propios* límites. Aprende cuándo debes de decir "NO".

Existen muchas maneras de derrochar la energía y terminar sintiéndose exhausto y seco. Una es resistiéndose al trabajo que se tiene entre manos. Se puede hacer con gusto o simplemente rehusándolo. Esto se aplica tanto a situaciones sociales como laborales. Si media parte de ti no desea estar donde de hecho te encuentras, haciendo lo que haces, lo otra media parte de ti palidecerá y terminará exhausta. A un nivel subjetivo este fenómeno se manifiesta a través del cansancio. Es raro sentirse cansado cuando uno está disfrutando, sencillamente porque la energía fluye libremente en la actividad que despierta interés.

¿Nunca te has encontrado en una reunión social sintiendo que preferirías no estar allí y preguntándote cómo diablos fuiste a parar a dicho lugar? Si esta descripción te suena fa-

93

miliar, recordarás que la sensación te parecía interminable, la irritación o aburrimiento que te provocaban las conversaciones formales y superficiales en las cuales participabas, cómo procurabas exprimir tu cerebro para dar con algo que pudieras decir a las demás personas. Ésta es la experiencia que *tú* te has proporcionado a *ti mismo* puesto que no te sentías en armonía contigo mismo acerca de lo que deseabas. ¿Te apetecía disfrutar de la compañía de la gente o preferías estar solo? Cualquiera de las dos opciones puede ser correcta en tanto y en cuanto lo hagas con *plenitud*. En otras palabras, si has escogido reunirte con un grupo de gente, pues trata de estar *realmente* con ellos. De otro modo ni tú ni ellos disfrutarán del momento. No te tambalees, procura andar o de lo contrario siéntate.

¿Cuántas veces no nos permitimos declinar una invitación, ya sea porque pensamos que la gente se va a sentir ofendida o desconcertada, o bien porque no queremos que piensen que somos seres insociables? A veces, podemos temer a la soledad y silencio, incluso no es tan difícil confundir el estar solo con la soledad. Sin embargo, ambas situaciones son bien diferentes: estar solo supone disfrutar de la presencia de uno mismo mientras que la soledad se basa en echar de menos a ciertas personas.

Disfrutar del aislamiento

Si aprendemos a disfrutar el aislamiento, podemos estar seguros de que los beneficios que obtendremos no serán pocos. Nuestras baterías se recargan a sí mismas, no perdemos energía en innecesarias conversaciones pueriles. En los momentos de silencio es más fácil entrar en contacto con los procesos interiores y la intuición, experiencia que habitualmente, durante una jornada agitada, queda apabullada por las demás exigencias que absorven la atención (que es la energía consumida por los estímulos externos). No obstante, tanto el silencio como el espacio se han convertido en bienes de lujo. Son bienes escasos, nos hemos desacostumbrado a su presencia. Aun más grave, algunos de nosotros hemos llegado incluso a temerles.

Cuanto más tiempo estamos expuestos al alboroto del mundo exterior, más profundamente sentimos la necesidad de un poco de silencio, de momentos en los cuales podamos restablecer la comunicación con nosotros mismos. Por ejemplo, al volver a casa después de una jornada de trabajo, el regalo más valorado que la mayoría de nosotros esperamos por parte de quienes conviven con nosotros es que nos dejen solos por un rato. Por desgracia, suele suceder que quienes nos quieren no perciben que estamos rendidos. Con la mejor de sus intenciones se ofrecen para preparar una taza de té y lanzan el bombardeo de preguntas acerca de las novedades del día. Al menos, para nosotros *suena* como si fuese un bombardeo.

Por ejemplo, tengo una amiga que mantiene a su madre, una mujer mayor y viuda. Aunque ella ama y disfruta cuidando de su madre, apenas pone un pie en su casa tras haber trabajado todo el día y haber hecho la compra en el camino de regreso, no puede evitar sentir la contrariedad del acoso de su madre. Ella, naturalmente, ha pasado todo el día a solas y necesita hablar con alguien, exactamente lo que no necesita su hija porque ya ha tenido suficiente. Por tanto, ambas se encuentran en espacios totalmente opuestos y diferentes. ¿Cuál es la solución? Pedir un poco de espacio a su madre, una mujer de otra generación que jamás pudo disfrutar de él cuando cuidaba de su familia, probablemente no surtiría efecto, ella no lo entendería y reaccionaría con desconcierto ante una petición cargada de buenas intenciones. Con demasiada frecuencia esto provoca el dolor y la sensación de incomprensión por parte de la madre (que se retira a su habitación a llorar) y sensación de culpa por parte de la hija.

Una posible respuesta podría ser "Me apetece tomar un baño o una ducha" y entonces retirarse. La privacidad del cuarto de baño, al menos, aún se respeta en nuestra cultura. Decir que "estaba en el baño" constituye una excusa perfecta para no responder el teléfono o atender a quien llama a la puerta. Quizá sea el único lugar en el cual uno puede disfrutar de estar a solas por un rato sin provocar la desazón de nadie.

A veces hemos de comportarnos con cierta rudeza para ganarnos el espacio personal que merecemos. Habitualmente, los demás no nos dejarán el espacio que necesitamos. Es incluso extraño que comprendan el concepto. Hemos de *tomarlo* cuando creemos que lo necesitamos, a veces bajo el riesgo de desbaratar las expectativas de los demás. Después de todo, ¿deseas satisfacer a ellos o prefieres satisfacer tus necesidades? Si no buscas y te haces tu propio espacio, creas las condicionas propicias para el estrés.

Una forma de amarse a sí mismo y disfrutar de los momentos de aislamiento es reservando un período de tiempo al día destinado a estar a solas y relajarse, al menos una media hora. Esta práctica puede cambiar radicalmente la forma en que uno se siente, bien sea psicológica o físicamente. Además de antídoto contra el estrés que se va acumulando durante la jornada de trabajo, alegra el estado de ánimo y vuelve menos dura la vida. Existe una relación muy estrecha entre la falta de espacio y la agresión. Cuanto más pequeño es el espacio, mayor será la agresión.

Por último, puedes emplear el tiempo reservado para ti mismo bien sea para practicar ejercicios de relajación profunda o para meditar.

1. Relajación profunda

La relajación profunda (o la técnica alfa, ver capítulo 6) consiste esencialmente en ir librándose de la tensión de los músculos y alcanzar un estado de conciencia que primero se sitúa en la cabeza para luego extenderlo al cuerpo al concentrar la atención en las sensaciones corporales.

Asegúrate de que nada ni nadie te interrumpa por al menos una media hora. Procura que la temperatura de la sala sea suficientemente cálida. Afloja la presión de la ropa que vistas, quítate los zapatos. Procura que la luz sea tenue. Hay personas que prefieren vendarse los ojos. Acuéstate boca arriba ya sea sobre un colchón de superficie dura o sobre una alfombra en tanto deja la cabeza sin soporte o sobre un cojín pequeño. Extienden los brazos a lo largo del cuerpo, con las palmas de las manos hacia arriba o abajo, según sea para ti la posición más cómoda.

Comienza el proceso de relajación creando la imagen mental de un lugar en el cual puedas estar a solas, un sitio cómodo y absolutamente seguro (consulta las visualizaciones del jardín y la playa del final del presente capítulo).

Inspira lenta y profundamente, y al expirar repite débilmente la palabra "Relax". Propónte olvidar por un rato cualquier problema que te haya estado preocupando y convéncete de que ya te ocuparás debidamente de él más tarde.

Escucha los sonidos que te llegan del exterior en tanto tú estas echado con los ojos cerrados, sin tratar de identificarlos o desear que se desvanezcan. Siente cómo tu cuerpo se va volviendo más y más pesado y deja que el colchón o el suelo asuma la responsabilidad de sostener su peso.

A medida que tu cuerpo se hunde en el suelo deja que tu boca se abra y que los músculos de tu cara se aflojen. Ahora permítete sentir en toda su plenitud el cansancio que has acumulado, deja que se manifieste en tu expresión. Concentra tu atención en la respiración y entonces comienza a respirar por la boca.

Procura que la energía abandone tu cabeza y se desplace hacia tu cuerpo. Concentra la atención en tu cuerpo y *siente* cómo se produce el proceso. Ahora, concéntrate en las diversas partes de tu cuerpo. Tómate el tiempo que necesites. Empieza por los dedos del pie izquierdo. No los muevas, limítate a sentirlos desde dentro, un dedo tras otro.

Ahora siente el resto del pie izquierdo: el talón haciendo presión contra el suelo o el colchón; la planta sensible; los huesos duros del empeine. Siente el peso de todo el pie. Imagina que se vuelve más pesado y se hunde en el suelo.

A continuación, pasa al tobillo izquierdo. Siente su forma y las protuberancias duras que posee en ambos lados para luego seguir el recorrido ascendente. Siente la espinilla, su longitud, su dureza. Tensa el músculo de la pantorrilla y luego relájalo. Vuelve a ponerlo en tensión para volver a relajarlo.

Deja que tu atención ascienda por el resto de tu pierna izquierda: la rótula, el muslo... Tensa los músculos del muslo y luego relájalos. Ahora siente cómo la totalidad de la pierna izquierda se vuelve más pesada hasta empezar a hundirse en el suelo. Siente la diferencia entre la pierna izquierda que acabas de relajar y la derecha que aún permanece tensa.

Después de unos momentos, repite el proceso de relajación con la pierna derecha, comenzando por los dedos de los pies. Disfruta la sensación de pesadez en tus miembros que empezará a su vez a extenderse por el resto de tu cuerpo incluso antes de que comiences el trabajo de relajación con las demás partes. La técnica a aplicar es siempre la misma: si se trata de un músculo, primero debe ponerse en tensión para luego relajarlo, repitiendo estos pasos hasta comenzar a sentir la pesadez. De otra forma, puedes sentir dicha parte con la mayor intensidad posible, percibiendo la forma, el tamaño y la textura. La idea o propósito constante, cualquiera que sea la parte en cuestión, es la pesadez, el dejarse ir, la sensación de hundimiento...

Una vez que las piernas están absolutamente relajadas, continúa con la siguiente secuencia:
la pelvis
los órganos genitales
la base de la espalda
la columna vertebral
el pecho
los hombros
el brazo izquierdo (segmento superior, codo, antebrazo, muñeca)
la mano izquierda (palma, pulgar, demás dedos)
brazo derecho (segmento superior, codo, antebrazo, muñeca)
mano derecha (palma, pulgar, demás dedos)
A continuación pasa al vientre, deja que se afloje, que se derrita. Tómate mucho tiempo para este paso, suele ser una zona sobrecargada de tensión.

Por último, dedícate a relajar los músculos de la cara. Descarga la tensión concentrada en torno a los ojos, la mandíbula, la boca, la lengua.

En estos momentos ya debes sentirte completamente relajado, a un nivel muy profundo. Tratar de disfrutar el mayor tiempo posible. Permanece en el estado de relajación concentrando la atención en las sensaciones corporales. Acepta todo estímulo o sensación que se presente, no te interpongas a ella. Déjala llegar y partir.

Un día alfa suele ser muy útil para mantenerse alejado de los médicos.

2. Meditación

La meditación produce efectos similares a los de la relajación profunda. Sin embargo, mientras la relajación profunda está dirigida, en principio, a relajar el cuerpo a través del aflojamiento muscular, la meditación apunta a restaurar la calma mental deteniendo el flujo caótico de pensamientos e ideas, y el parloteo interior que resuena constantemente en la mente. Desde luego, considerando que la mente y el cuerpo no son dos entidades separadas sino partes de el mismo campo de energía, inexorablemente se produce un entrecruzamiento. Relajar el cuerpo contribuye a calmar la mente; calmar la mente sirve para relajar la tensión del cuerpo.

Tú debes tomar la decisión de qué opción poner en práctica, ya sea la relajación profunda o la meditación, durante la sesión de "crearte tu espacio". Hay muchas técnicas de meditación y puedes experimentar con ellas con el propósito de hallar cuál es la que te va mejor a ti. Aquí me he decidido por algunas que toman poco tiempo. Puedes encontrar otras en mi libro *Meditación para todos*, que he incluido en la lista de lecturas recomendadas, al final de esta obra.

Técnica de meditación nº 1: Zazen

Zazen significa "siéntate", y permanece centrado en el presente (el tema central de este capítulo).

Siéntate en una posición cómoda, ya sea en una silla o sobre un cojín, conservando la espalda en posición recta. Así como en la relajación profunda donde se concentra la atención es en las señales del cuerpo, en la técnica Zazen sólo has de dejar que los ruidos y estímulos externos lleguen a ti sin tu intervención, en una actitud pasiva, sin evaluarlos o considerarlos. Sólo deja que lleguen a ti. Si el nivel sonoro se vuelve demasiado elevado o te parece una intrusión, no te perturbes o procura no desear su interrupción. Tómalos como si fuesen una parte más de todo lo que está sucediendo. El Zazen constituye una técnica central de la disciplina del Budismo Zen y consiste en practicar lisa y llanamente el "estar aquí y ahora".

Técnica de meditación nº 2: Vipassana
Vipassana significa "contemplar la respiración". No alteres tu ritmo respiratorio normal. Sólo trata de ser consciente de él. Concentra la atención en la punta de tu nariz, sintiendo la entrada y la salida del aire a través de las fosas nasales. Prestando atención a la respiración el flujo de tus pensamientos disminuirá de forma automática y te sentirás aliviado de la presión de las preocupaciones presentes a través de pensamientos e imágenes aglutinados en tu mente. Poco a poco, comenzarás a disfrutar de la quietud y tranquilidad que produce el haberte librado de las preocupaciones y obligaciones que te agobiaban, permitiendo aunque sólo sea por un cambio la posibilidad de meramente *estar*. Éste es el propósito de la meditación, sencillamente estar en el Ahora. Es como un reencuentro con uno mismo, una forma de volver al hogar. Si se practica la meditación con frecuencia termina resultando más sencillo introducirse en el estado alfa y alejarse del estado beta.

Técnica de meditación nº 3: Tratak
Tratak es un término hindú que significa "mirar fijamente" (observar). Se trata de un método (como todas las técnicas de meditación) para disminuir el ritmo del proceso mental al estimular la fijación del foco atencional en un punto determinado. Resulta más fácil descender de un carrusel cuando comienza a reducir la velocidad en lugar de saltar cuando gira a máxima velocidad.

Siéntate en un lugar cómodo, permanece en silencio mientras llevas la mirada sobre un objeto de contemplación previamente determinado. No es muy relevante cuál es el tipo de objeto que selecciones, en tanto y en cuanto no te perturbe. Se suele utilizar la llama de una vela, pero también pueden emplearse flores, una imagen de culto religioso, una fotografía de una persona amada, o cualquier otro objeto que desees.

No fuerces la vista; es una exigencia innecesaria. Conserva la mirada relajada, fuera de foco. No estás tratando de ver algo en particular sino simplemente de mirar, como si estuvieras en un autobús que va recorriendo una calle de la ciudad y observas distraídamente la muchedumbre sin prestar especial atención a qué está haciendo.

Conservar el estado de meditación

Poco a poco, a medida que te vas familiarizando con la meditación (y en verdad sólo se trata de una técnica) comenzarás a experimentar períodos más largos de relajación que te aliviarán de la vorágine de pensamientos que ocupan tu mente y disfrutarás más de la paz y quietud interior. Las siguientes recomendaciones te servirán para permanecer centrado y en contacto contigo mismo a lo largo de la jornada de trabajo:

• Permanece en el presente. Detén aquellos pensamientos relacionados con el pasado o el futuro.
• Concéntrate en un único tema. Haz una cosa cada vez y dedica a ella toda tu atención.
• No pienses a menos que debas hacerlo. Procura *sentir* el mundo que te rodea.
• No malgastes energía innecesariamente. Habla solamente cuando desees hacerlo.

Afirmaciones para obtener tu espacio personal

Me permito tomar mi espacio personal cuando lo necesite.
No tengo razones para ir con prisas.
Tengo todo el tiempo del mundo.
Disfruto con lo que hago, de otro modo no lo haría.
Soy el centro de mi mundo.

Tengo tanto derecho a estar aquí como cualquier otra persona.
No acepto las imposiciones de otras personas sino las mías.
Me parece bien el hecho de relajarme y tomarme las cosas con tranquilidad. Me lo merezco.
No estoy en este mundo para satisfacer las expectativas de los demás.
Realmente me parece muy bien poder decir "No".
El estrés es algo del pasado.

Visualizaciones para obtener tu espacio personal

Nota: Esta visualización puede utilizarse durante el período de relajación, o al comienzo de la sesión de meditación a los efectos de aliviar la carga mental. Además resulta útil cuando el entorno se vuelve demasiado agitado (por ejemplo, en el trabajo) y tienes la oportunidad de tomarte unos minutos para ti. En caso de que sea necesario, ve y escóndete en el lavabo.

Imagínate un lugar tranquilo. Puede tratarse de un sitio real que recuerdes o de un paraje imaginario. El propósito fundamental es que te sientas a salvo y que nada te perturbe. A continuación ofreceré algunos ejemplos.

1. Una playa
Crea en tu mente una imagen clara y nítida de una playa solitaria. Mira cómo holgazaneas en la arena y sientes la caricia cálida de los rayos del sol en tu cuerpo. Los únicos sonidos que llegan a tus oídos son los ruidos de la naturaleza, nadie más está en la playa. Escucha cómo las gaviotas vuelan sobre tu cabeza con el fondo de un cielo azul celeste, despejado de nubes, para luego pasar rasante sobre la cresta

de las olas. Siente en tu cuerpo una profunda sensación de paz y alegría. Disfruta de esta sensación la mayor cantidad de tiempo posible.

2. Un jardín

Imagina que estás paseando en un jardín encantador. ¿Qué clase de flores y arbustos puedes ver? Te sientas en el césped junto a un estanque y descubres diferentes pececillos de colores deslizándose en el agua cristalina. Contemplas las plantas acuáticas y las mariposas de asombrosos colores que vuelan sobre ellas. Lo único que puedes oír es el zumbido de una abeja y el estruendo lejano de un avión que atraviesa el cielo, y que parecen acentuar la paz y la tranquilidad del paraje. Prolonga lo máximo que puedas la sensación de disfrutar del jardín.

Con visualizaciones de esta naturaleza necesitas regresar suavemente a la realidad para evitar sentir un impacto. De modo que cuando termines, abre los ojos, mira alrededor, recuerda dónde te encuentras y dedica algunos minutos a recordar qué es lo tienes que hacer a continuación.

9. LA LIBERTAD DE AMARTE A TI MISMO

Ama a tu prójimo como te amas a ti mismo.

Levítico, 19, 18

Codependencia y amor a sí mismo

Resulta particularmente importante para cualquiera que sea responsable ante otras personas (y esto incluye a la mayoría de las personas) que al menos se dedique a sí mismo tanta atención como dedica los demás. Este principio se aplica a padres y madres, en especial a madres y padres solteros, a quienes han asumido la responsabilidad de cuidar a personas mayores, una madre viuda, o cualquier persona dedicada a actividades de caridad o asistencia. El peligro radica en que uno puede comenzar a vivir en función de ellos, como si constituyesen el primer objetivo de la vida, en lugar de velar por uno mismo, y en consecuencia perder contacto con las propias necesidades, incluyendo la necesidad de amarse a sí mismo.

Investigaciones recientes han dado sobradas razones para el surgimiento de un término nuevo, la codependencia, para describir dicho modelo destructivo. Hace ya mucho tiempo que se sabe que las familias de los adictos, con la mejor intención del mundo, pueden de hecho perpetuar la adicción: los esposos suelen limpiar y esconder los rastros una y otra vez después de las terribles borracheras de sus compañeros, sintiendo que es su deber brindarles constantemente apoyo, sin importarles los malos tratos que pudieran haber recibido ellos, sus amigos o sus hijos. Muchas mujeres que han sido golpeadas vuelven a ofrecerse como sujetos pasivos de la violencia de sus compañeros. Los padres sienten que siempre deben estar allí junto a sus hijos adolescentes enganchados a la heroína. Todas estas personas son codependientes en el sentido de que se sienten mejor asumiendo responsabilidades en la vida de otras personas en lugar de atender a las vicisitudes de su propia vida.

Los codependientes son adictos: adictos a sacrificar sus propias vidas en aras de una vida ajena. Se sienten perdidos si no tienen alguien de quien cuidar. Esta responsabilidad ofrece un significado a sus vidas, y así es que suelen aproximarse y vincularse a este tipo de personas. *Necesitan* ser necesitados. Necesitan desempeñar el papel de salvadores con el cual rápidamente se identifican, convirtiéndolo en la razón fundamental de sus vidas. Las relaciones codependientes se construyen sobre la base de una persona absolutamente incapaz, situación que puede manifestarse a través de la pobreza, el alcoholismo, los abusos, la infidelidad o la invalidez.

Negar que algo va mal suele ser un factor relevante de la codependencia. La pretensión de las "familias felices", la presentación de una fachada de normalidad, disculpando siempre los malos comportamientos en el hogar y un desesperado y exagerado optimismo de que todo va a ir bien, son las señales más estereotipadas de una familia en la cual las relaciones codependientes se han convertido en la regla. Es en el seno de dichas familias, en particular cuando uno de los integrantes es alcohólico, que se crean las condiciones necesarias para el desarrollo de los codependientes. Con el paso de los años, los integrantes del grupo aprenden a callar, a no sentir, a no confiar. ¿Pueden guardar alguna esperanza de amarse a sí mismos si han de crecer y desarrollarse en un entorno de dichas características?

La codependencia es un fenómeno bastante generalizado –la mayor parte de nosotros somos codependientes en alguna medida– que cuenta con la aceptación de nuestra cultura bajo la máscara del interés y la atención verdaderas. Las mujeres son especialmente vulnerables a volverse codependientes de sus maridos. Todos hemos conocido alguna "mujer oscura" que parece no tener existencia si no es a través de la vida del marido. Suele dedicar todo su tiempo a crear las condiciones necesarias para que él se sienta cómodo, bien alimentado y sexualmente satisfecho. Puede que haya abandonado sus ambiciones personales o que haya sacrificado su carrera profesional para poder dedicarse más tiempo a él. A medida que los años pasan va perdiendo el sentido de su identidad así como el contacto con sus propias necesidades. Pero la compensación es la satisfacción de sentirse una "buena esposa", y recibir el apoyo de sus amigos. Y, en el caso de que las cosas vayan mal y su marido la abandone (como bien puede suceder puesto que la codependencia genera *aburrimiento*), ella se sentirá justificada y libre de culpas pues fue una esposa que "hizo todo por su marido".

Sin embargo, los hombres también pueden "engancharse" a convertir la vida de otros en el centro de su existencia. El médico o terapeuta plenamente entregado a su profesión que siente que debe estar allí, día y noche, junto a sus pacientes; o el ejecutivo que no puede desentenderse de la marcha de los negocios hasta sufrir una afección cardíaca y cuya vida familiar pasa a un segundo plano, son hombres que en el mundo laboral han adquirido el calificativo de "buen médico" o "ejecutivo exitoso" y la admiración de otros por la calidad de sus vidas. Estos hombres han sido absorvidos por algo exterior a ellos, se han olvidado de una máxima ciertamente sabia ¿De qué le vale a un hombre haber ganado el mundo entero si ha perdido su alma? (San Marcos, 8, 36).

Las personas codependientes son individuos que han de depender de los demás para poder satisfacer sus necesidades de autoestima y valoración personal. No pueden amarse a sí mismos por el mero hecho de ser quienes son y han de perder contacto con sus sentimientos y el sentido de identidad. El resultante vacío interior puede conducir a la alienación, una sensación de ser "irreal", y de no estar "en" lo que están diciendo, sintiendo o haciendo. Esto puede desembocar a su vez en estados depresivos, enfermedades o comportamientos compulsivos como el alcoholismo, el juego, la promiscuidad o el fanatismo religioso.

Muchos de nosotros poseemos rasgos de codependencia en el modo de relacionarnos con los demás. Muy pocas personas, en virtud de la armonía interior que han alcanzado, pueden mantener su independencia de los demás sin identificarse con los roles que desempeñan o las relaciones que han entablado.

¿Cuál es tu grado de codependencia?

Sí — No

• ¿Sueles sentirte atemorizado y nervioso con otra gente?

• Si presencias una pelea en la calle, ¿aumenta tu ritmo cardíaco como si de alguna manera fueras responsable por lo que sucede?

• ¿Necesitas la aprobación constante de la gente?
• ¿Te causan temor las personas enfadadas?
• ¿Te molesta seriamente la crítica personal?
• ¿Te sientes responsable por la vida de otras personas?
• ¿Alguna vez has pensado que tu familia se terminaría separando sin tu presencia?
• ¿Alguna vez te has sentido culpable por haber atendido a tus propios intereses en lugar de ceder a los deseos de otros?
• ¿Tienes dificultades para no responder a una petición de ayuda?
• ¿Sueles atraer a gente que parece necesitar mucha ayuda?
• ¿Te consideras un perfeccionista?
• ¿Tiendes a ser el más crudo crítico de ti?
• ¿Crees que los demás te consideran una persona que en general "se las arregla bien"?
• ¿Alguna vez has pensado que la gente no sabe valorar todo lo que tú haces por ellos?
• ¿Alguna vez has sentido que la gente tiende a abandonarte aun cuando no sea por alguna falta tuya?
• ¿Crees que eres una persona fiel?
• ¿Tienes problemas para disfrutar y divertirte?
• ¿Tratas siempre de evitar conflictos en lugar de hacerles frente?
• ¿Has sentido alguna vez que no has conseguido todo el éxito que merecías porque otras personas se cruzaron en tu camino?

(Estas preguntas han sido extraídas del libro *Codependency* de David Stafford y Liz Hodgkison, Piatkus 1991).

Después de haber respondido a las preguntas, observa la cantidad de respuestas afirmativas y negativas que hayas formulado. Cuanto mayor sea la cantidad de "Síes", más probabilidades tienes de ser codependiente. Pero no debes convertir dicho test en una nueva razón para disgustarte contigo mismo, puesto que *todas* las personas somos codependientes en cierta medida y además el mundo se convertiría en un mar de pesadillas si nadie se interesara por los demás. El problema surge, sin embargo, cuando uno se pasa de ciertos límites y pierde el contacto consigo mismo y sus necesidades. A modo de ejemplo, pregunta a un verdadero codependiente si se presta atención a sí mismo y sus necesidades y, en general, te hallarás con una respuesta negativa o vacía de contenido real. En efecto, no están acostumbrados a considerar qué es lo apropiado para *ellos*, y sienten que no existe otra opción. Suelen tener dificultades para relajarse y divertirse. Son adictos a desempeñar el papel del "ciudadano responsable" o el "individuo considerado y atento", arrastrando a la vida adulta el papel del "pequeño asistente de mamá" para el cual fueron condicionados en la infancia. Les resultaría imposible darse cuenta de que dicho rol supone una condena de por vida a permanecer alienados.

Cómo tratar la codependencia

Afortunadamente, es posible transformar los esquemas de codependencia. Es necesario tener mayor conciencia, ya sea a través de una evaluación de tu vida que te permita darte cuenta de si has estado dormido por demasiado tiempo, o sino trabajando con un terapeuta o un asistente psicológico, individualmente o en grupo.

Resulta crucial reconocer los esquemas que se han desarrollado, identificar el Complacedor (ver capítulo 4) y comprender por qué las cosas son como son. A continuación has de prepararte para afrentar esta situación con una actitud positiva. Cualquiera sea el curso de acción que emprendas, recuerda siempre que debes tratarte bien a ti mismo. No puede considerarse como una actitud egoísta o carente de interés por los demás el hecho de descubrir las propias necesidades y luego atender a su satisfacción. Si siempre has querido aprender a jugar al golf, ¡pues hazlo! A medida que empieces a mejorar el nivel de satisfacción de tus necesidades, comenzarás a respetarte a ti mismo, y una vez que logres respetarte a ti mismo conseguirás el respeto de los demás.

No trates de ser lo que otros desean para ti. Debes resistirte a dichos intentos por controlarte. La clave para librarte de la codependencia es aprender a escoger por ti mismo y a decir "No" cuando así lo sientas.

No esperes la aprobación de los demás con relación al descubrimiento de tu nueva capacidad de escoger por ti mismo o de decir, "¡No, ya he tenido suficiente!". Muchos son los intereses que otros tienen en juego con tu antigua forma de ser, como tú los tienes en rescatarte de los viejos modelos. Puede que decidas cambiar de pareja o de trabajo, sin embargo, recuerda que la libertad siempre tiene un precio. Si quedas encerrado en la codependencia, tu compañero no mejorará. Él o ella no lo necesitan. Para eso te tienen a ti.

Romper con los modelos

Amarse a sí mismo con mayor intensidad se manifiesta de diversas maneras. Uno de los símbolos más significativos que pueden observarse es cuando cesas de *culparte* por los defectos y carencias que padeces y, en contrapartida, te interesas en *comprender* las razones de tu comportamiento. Necesitas interesarte en tu propio proceso, en qué tipo de estímulos provoca tu reacción, qué es lo que "pulsa tus teclas" y por qué, en lugar de someterte a un continuo proceso de enjuiciamiento. Juzgarte y responsabilizarte no hace más que empujarte a la depresión y la pérdida de autoestima. Así no se genera crecimiento. No obstante, cuando empiezas a "tratarte a ti mismo como si fueses tu mejor amigo", es decir con buena voluntad, comprensión, capacidad de perdón y compasión, alcanzas una posición que te permite ver cómo, dadas tus ideas esenciales, tu comportamiento es totalmente apropiado. En este sentido siempre tienes "razón".

Llamamos "defectos" a la mera falta de conciencia y la conducta crónica de inadaptación. Si deseas cambiar tu conducta con el propósito de facilitar el proceso de adaptación de ti mismo es necesario que trates de ser consciente y observar tus maneras habituales y automáticas de reaccionar. Cuando te cojas "in fraganti", trata de hacer algo diferente, escoge cambiar deliberadamente entre una diversidad de opciones. Por ejemplo, decide no hacer algo determinado que siempre hayas hecho por obligación. Exígete decir "no". Puede que sientas cierto temor, pero es normal, lo desconocido siempre causa algún tipo de inquietud. Sin embargo, vale la pena asumir riesgos; ganarás en confianza personal y ciertamente te sentirás mucho más libre. Cuanto más *desees* romper con los esquemas fijos de pensamiento y comportamiento –en especial los de carácter negativo y represivo– mayor claridad y autonomía conseguirás.

Un buen método para descubrir y comprender cuáles son los modelos que ciñen tu conducta es la terapia de grupo. Existen muchos de estos grupos entre los cuales escoger, por ejemplo, grupos de mujeres, grupos de Gestalt o Análisis Transaccional, grupo de los "Twelve Steps" (doce pasos) como CoDa, y así muchos otros. Los integrantes del grupo en cuestión te servirán para que comprendas cuándo estás "esgrimiendo las mismas excusas", repitiendo el mismo esquema de siempre y entonces te brindarán apoyo.

Participar en un grupo adecuado es una experiencia muy profunda que te servirá, quizá como ninguna otra experiencia, para crecer.

Si no te agrada la idea de participar en un grupo, trata de descubrir el valor de hablar con tus amigos, tu pareja o cualquiera en quien confíes. No reprimas tus sentimientos. Trata de descorrer el velo que los oculta y aprende de ellos. Habla sobre ellos, habla acerca de quién eres en realidad y qué es lo que necesitas para restablecer o construir tu autoestima.

Comienza por valorarte a ti mismo

Uno de los principales modelos a destruir es aquel que comprende sentimientos de menosprecio, humillación o imposición de límites a uno mismo. Ten siempre presente que en cada momento estamos creando nuestro futuro a través de lo que pensamos y decimos. Al parecer el universo nos escucha y está dispuesto a aceptarnos siguiendo las parámetros que manifestamos al autoevaluarnos. De modo que al expresar ideas como "Vaya suerte que tengo", o "Siempre me tiene que suceder a mí", "La vida es muy dura" o "La gente va a su rollo", no estamos más que a la espera de este tipo de experiencias para corroborar que estamos en lo cierto. Y, naturalmente, no tardarán en llegar. Por ello, apenas descubras dicha actitud en ti, neutraliza la frases negativas con afirmaciones contrarias. Si buscas afirmaciones apropiadas, recurre a la página 94.

El mismo grado de importancia tienen las expresiones de menosprecio y connotaciones negativas que puedan manifestar los demás. No debes permitirlas. De lo contrario, se convertirán en nuevos suministros de clavos para el ataúd de tu autoestima. Algunas personas acostumbran a generalizar afirmando que "las cosas son de esta manera" incluyéndonos así en su perspectiva pesimista de la vida. "¿Acaso no sen-

113

timos todos lo mismo?" "Es una vida de perros, ¿no es cierto?", o argumentos similares. Nunca permitas que este tipo de afirmaciones pasen sin ofrecerles resistencia con contra-argumentos como "Bueno, ésa no es *mi* realidad" o, "No, a mí la vida me parece maravillosa".

Para que las semillas sembradas en el subconsciente den fruto es necesario *hacer realidad* las afirmaciones en la vida cotidiana. En otras palabras, debes empezar a comportarte como si el contenido de las afirmaciones fuese la expresión verdadera de ti mismo. Por ejemplo, si afirmas gozar de un estado de salud estupendo y sentirte fuerte como un roble, entonces ir arrastrándote y diciendo a quienes te preguntan (o incluso a quienes no te preguntan) que te sientes mal supone una castración de la nueva energía que puja por introducirse en tu vida. Es más, debes ignorar los dolores y las molestias, la falta de aliento o la escasez de energía, y comenzar a actuar como si estuvieras curado y sano. "Sonríe. Pon cara de felicidad", como Norman Cousins (ver capítulo 6). *Actúa* como si estuvieras sano. Actuar "como si" es un poderoso agente para cambiar el ánimo y, como he sugerido antes, tiene poder para influir en tu cuerpo. De manera similar, si formulas una afirmación acerca de tu confianza y seguridad personales, contribuye a su manifestación *actuando* de un modo que refleje seguridad, aun cuando en realidad te sientas más miserable que un gusano. Relaja tu cuerpo, da rienda suelta a tu expresión corporal, respira con libertad, sonríe y habla con voz enérgica.

Conozco a una terapeuta norteamericana perteneciente a la escuela Nueva Era, de gran difusión en estos momentos, que atravesó un período en el cual necesitaba desesperadamente conseguir más pacientes. Por esa época recibió la llamada de un productor de radio ofreciéndole participar en un programa que incluía un servicio telefónico para la audiencia. Le prometió volver a comunicarse con ella cuando el formato del programa estuviese preparado, cosa que tardaría alrededor de una semana. Sin embargo, no la llamó. Ella, mientras tanto, no podía calmar la ansiedad que padecía ante la eventualidad de la llamada. Se enfadó con el productor y en el momento de describirme la situación en argot californiano me dijo que se sentía "timada". Por último, meses después, cuando ya había perdido toda esperanza de trabajar en la radio, el productor la llamó para comunicarle las fechas en las que tendría que trabajar. Para su desconcierto, ella le contestó que había perdido el interés en el trabajo. Él, por su parte, hizo hincapié en que el programa se transmitiría en horas de alta audiencia, que los oyentes serían innumerables, que sería muy positivo para su carrera profesional, etc. Ella respondió que había comprendido que sentirse bien consigo misma era infinitamente más importante que la posibilidad de la fama o la fortuna. Además, agregó que el no haberla llamado antes, como le había prometido, para informarle de lo que estaba sucediendo había sido una falta de respeto. Se había sentido tratada como un objeto en lugar de una persona y se negaba a convertirse en alguien que ruega o suplica por un trabajo.

De cualquier manera, lo más interesante es que, poco después, un editor de una gran editorial se puso en contacto con ella para pedirle que escribiera un libro sobre el crecimiento personal. Finalmente, el libro se convirtió en un bestseller. Ahora, la demanda de pacientes supera sus posibilidades de trabajo, concentrándose especialmente en la dirección de terapias de grupo en la zona oeste de los Estados Unidos y Europa. Su explicación última a toda la situación es que ha aprendido que nada se consigue desde una posición de necesidad y desesperación.

El control de tus subpersonalidades.

Es muy importante estar atento a los efectos de las sub-personalidades para evitar su desbordamiento y control de nuestras vidas. El Trabajador Compulsivo, el Complacedor, el Niño Necesitado, están bien cuando ocupan sus respectivos lugares pero cuando reclaman nuestra atención sin atender a las circunstancias o necesidades del momento (por las cuales no merecerían absolutamente nada) podemos encontrarnos con problemas. Aun sin haber necesidad se nos impone un yugo esclavizante. Hacemos cosas en contra de nuestra voluntad, no podemos decir un "NO" rotundo por temor a contrariar a los demás, irritamos a nuestra pareja al reclamar constantemente su atención, por posesividad o necesidad de autoafirmación. La parte más virulenta es el Crítico Interno quien jamás deja de recordarnos neutros defectos y carencias y "cómo deberíamos ser". Escucha y observa a tus subpersonalidades, pero no dejes que ellas controlen los hilos de tu existencia. *Tú* eres el jefe. Conserva el control de ti mismo y escoge cuándo y qué tipo de energía es la que deseas sacar a la luz.

Como hemos visto en el capítulo 4, con relación a la gente, en lugar de reaccionar ciegamente a sus palabras o acciones, procura percibir cuál es la fuente que les ha dado origen. A menudo, semioculto entre palabras de enfado o culpabilización, se encuentra el Niño Interior que así manifiesta la sensación de inseguridad y falta de afecto. Si puedes dirigirte directamente al Niño y preguntarle qué necesita para sentirse bien, puedes evitar el entrevero verbal así como la necesidad de defenderte y justificarte, actitudes que ocupan un lugar preponderante en la mayor parte de las disputas surgidas en el seno de una relación. Por otra parte, si puedes dejar de reaccionar como si fueses un hijo o hija rebeldes cuando tu padre asume el papel de padre supervisor, ahorrarás mucha energía y te situarás en una posición más propicia para defenderte a ti mismo. Los modelos que impliquen la formulación de recriminaciones y la adopción de posturas victimistas ocupan la primera línea de actitudes a cambiar. A excepción que puedas deshacerte de ellos pasarás toda la vida cediendo tu poder a otras personas.

Confianza en la abundancia

Si una de tus metas es alcanzar la prosperidad, entonces es necesario que desarrolles una conciencia de prosperidad (ver capítulo 10). Destruye el modelo que te hace verte a ti mismo como un mendigo, siempre incordiando por dinero, preocupado por las cuentas que has de pagar, comparándote con otros que tienen más que tú y deprimiéndote por tus continuos fracasos al intentar ganar tu espacio en el mundo. Cuanto más te regodees en lo que careces, más miserable te sentirás. No harás más que atraer experiencias cargadas de la sensación de carencia. En lugar de ello, debes recordar aquello que posees y sentirte agradecido. Y si tienes que establecer una comparación, entonces es mejor que te compares con quienes están en una situación menos ventajosa que la tuya, y ciertamente gente con estas características no falta en el mundo de hoy día. Confía en la abundancia del Universo: "Pide y recibirás". Los milagros sólo ocurren cuando se tiene fe.

Recuerdo que durante una época compartía el apartamento con un amigo de tendencias hippies que se negaba a ocuparse de cuestiones de dinero. Le parecía, al fin y al cabo, una pérdida de tiempo. Una día tuve que fastidiarlo con relación a una cuenta de electricidad que había que pagar con urgencia. Su parte proporcional eran unas 8.000 pesetas (hace ya muchos años de esto). Invadido por el pánico soñaba que la compañía de electricidad iba a cortar el suministro para la calefacción en pleno invierno y me puse furioso ante su reacción. "Ya llegará", me dijo. "Ten confianza." Para mi asombro, finalmente llegó. Un cheque de Hacienda con un reintegro que, increíblemente, ascendía a la suma de 8.000 pesetas. Esta historia real, en el argot que acostumbrábamos a usar en aquellos días, me "dejó alucinado".

Afirmaciones útiles para crear las condiciones de amarse a uno mismo

Yo no soy mi madre. No siento ni pienso como ella.
Yo no soy mi padre. No siento ni pienso como él.
Yo no soy mis profesores. Sus enseñanzas no me limitan.
No siento que me limite la educación religiosa que recibí de niño.
No estoy aquí para satisfacer las expectativas de los demás.
Puedo decir "No" y sentirme muy tranquilo.
Ahora sólo tomo decisiones según lo que deseo y no según lo que pueda obtener.
Tengo fe en la abundancia del Universo.
Tengo fe en que recibiré aquello que necesite.
He perdonado a quienes, equivocadamente, pensé que me habían hecho daño.
Siempre estoy satisfecho y en armonía conmigo mismo.
La gente me quiere por ser quien soy.
Los extraños son amigos potenciales.
Me siento seguro como para afrontar cualquier situación que se me presente.
Soy capaz de defenderme contra cualquier agresión.
El temor es una anécdota del pasado.
Perdono totalmente a mis padres. Hacían lo mejor que podían.
Me siento agradecido por todas las experiencias agradables que cada día me brinda la vida.

Ahora sólo hago aquello que me apetece hacer.
Me parece correcto expresarme tal como me plazca.
Cuanto más energía dedico a cuidar de mí mismo, más feliz
se siente el resto de la gente.

Visualización útil para crear las condiciones de amarse a sí mismo

Deja que tu mente vague a lo largo de tu vida pasada hasta llegar al presente. Recuerda los momentos gratos, y también aquello de lo cual te arrepientes y te causa dolor. Mientras lo observas trata de descubrir todos los detalles. Ahora, reúne todos los recuerdos, introdúcelos en un saco y ciérralo. Haz con el saco lo que te plazca, lo que te parezca más adecuado. Puede que desees quemarlo o quizás arrojarlo a un río y ver cómo se hunde en el agua.

10. CONCIENCIA DE PROSPERIDAD

Sé realmente íntegro, y todas las cosas vendrán a ti.

Tao Te King, 2

Sentirse rico no significa ser rico

Es mucha la gente que se siente inquieta ante el dinero y, como puede ser causa de depresión y profunda insatisfacción, me parece oportuno hacer una breve referencia. Bien sea que poseas mucho o poco dinero, puedes sentirte tranquilo con relación a él y a ti mismo. Sin embargo, si estableces una relación inadecuada con el dinero te sentirás mal, siempre al arbitrio de su presencia o ausencia, de su sobreabundancia o el insaciable deseo de poseer más y más.

La conciencia de prosperidad no supone *ser* rico sino *sentirse* rico. Ya puedes tener todas las riquezas del mundo y no por ello dejar de *sentirte* pobre. Del mismo modo, si tienes una actitud sana hacia el dinero, puedes tener muy poco y disfrutar de la vida en toda su plenitud. Si hemos de aceptarnos a nosotros mismos por quién somos y amarnos sin condiciones hemos de sentir la abundancia y saber apreciar lo que tenemos.

Déjame relatarte la historia de un amigo mío a quien, por motivos de confidencialidad, llamaré Martín. Nos conocimos en un grupo de terapia ya constituido hacia principios de los años setenta y casi inmediatamente surgió una relación muy agradable. Me sentía atraído por su encanto y timidez que lindaban con la total autodesaprobación, pero más que nada por su sentido del humor, especialmente al hablar de sí mismo. Con bastante frecuencia, el grupo rompía a carcajadas ante las descripciones que hacía de su vida pasada, algunas de las cuales eran bastante serias.

Al principio la riqueza de su espíritu me pasó desapercibida, puesto que todos vestíamos la misma clase de ropa "cómoda" que se suponía que había de llevarse a los grupos de terapia, como tejanos, camisas flojas, etc. El primer indicio que tuve de que había un millonario entre nosotros lo tuve cuando el grupo hizo un viaje a Yorkshire, con el propósito de realizar un fin de semana de terapia "en su casa, en el Norte", más o menos como él la describió. El lugar resultó ser la casa de su familia, una construcción en ladrillo recubierta de hiedras y levantada en medio de praderas ondulantes donde se podían ver las más diversas variedades de flores. En suma, uno de los lugares más deliciosos que he visto en mi vida. El interior de la casa estaba poblado de antigüedades, las paredes cubiertas de óleos y retratos que después supimos que eran de sus antepasados, los antiguos y sucesivos dueños de la propiedad.

Tiempo después llegó a mis oídos que Martín era dueño de un bloque de apartamentos cercanos a las tiendas Harrods de Londres, y que vivía en un ático en la misma ciudad. Sus estancias en Londres no eran muy prolongadas, puesto que solía pasar los veranos en Auvergne, donde tenía un casa de campo y un viñedo.

En una ocasión, mientras atravesábamos Francia, Martín nos invitó a quedarnos en su casa unos días antes de seguir viaje hacia los Pirineos. Como de costumbre, desempeñó su papel de anfitrión de una forma perfecta, siempre con un aire humilde e ingenioso se convirtió en una fuente inagotable de información acerca de la historia del lugar.

La víspera de la partida estuvimos sentados en el jardín disfrutando de maravillas gastronómicas y humedeciendo la garganta con un estupendo clarete, naturalmente producto del lugar. Era una noche balsámica de agosto en la que hablamos sobre la terapia de grupo y otros temas hasta bien entrada la noche. En cierto momento, quizá con un poco de indiscreción, me dirigí a él haciendo referencia a lo maravilloso que debería ser tener una fortuna, sin tener que preocuparse por el dinero como el resto de los mortales. Él me respondió, sin embargo, que jamás había dejado de preocuparse por el dinero. Aunque en verdad no le preocupaba el pago de deudas, debía prestar mucha atención a sus inversiones. No estaba libre de la responsabilidad que había asumido al sentir que debía conservar los bienes de la familia, o por las desafortunadas aventuras comerciales que habían minado la confianza en sí mismo, o las fluctuaciones de los mercados financieros... Jamás olvidé la conversación y siempre la recuerdo cuando me siento insatisfecho con mi situación económica.

El dinero no es la única forma de riqueza. La salud, la calma y la vida emocional satisfactoria son riquezas que no solemos valorar si tenemos la suerte de poseerlas. Y, en especial, si venimos de una familia rica, es posible que no le demos importancia al dinero, como si fuese algo inherente a nosotros.

Tengo otra amiga que también es muy rica pero es una de las personas más infelices que conozco. Se siente sola, cada hombre que conoce supone una tragedia y sufre de una salud muy débil, con afecciones crónicas.

Por otra parte uno se cruza con individuos que no poseen absolutamente nada y, sin embargo, parecen disfrutar intensamente de la vida. Cuando estaba viviendo en la India, la ventana de la cocina de mi apartamento daba a una de tantas chabolas. La gente pobre, que llegaba a la ciudad procedente de zonas rurales, construía sus inestables viviendas con cualquier material que encontrase abandonado: uralita, cartón, etc. El más mínimo espacio era ocupado y empleado para uso familiar. Esta gente no poseía ningún bien que pudiera tener valor en otro lugar del planeta, aparte de algunos cacharros para cocinar y las ropas que vestían.

Dado que solía levantarme muy temprano podía observar, durante el desayuno, cómo la pequeña comunidad comenzaba poco a poco a ponerse en movimiento con los primeros rayos del sol. Siempre me sorprendió la dignidad que esta gente reflejaba al realizar sus tareas cotidianas, buscar agua, lavar recipientes y prepararse para lo que para muchos de ellos sería un día de mendigo. Las mujeres se paseaban descalzas envueltas en sus coloridos saris, cocinando con leña o lidiando con los niños (que parecían ser una horda), peinando sus cabelleras y maquillándose. Pobres como eran, procuraban mantener una apariencia digna y muchas de ellas tenían la apariencia de una princesa. A mis ojos, parecía un grupo de gente feliz, conversando animadamente entre ellos, los niños jugando bajo el sol. La risa era un rasgo dominante. En comparación con ellos, los viajeros occidentales eran millonarios, pero no parecíamos disfrutar tanto como lo hacían ellos. La riqueza es relativa. Poseer grandes cantidades no es tan importante como ser capaz de disfrutar de lo que se tiene.

El dinero es energía

Al igual que sucede con otros elementos, la energía que puede generar el dinero está sometida a ciertas normas. La cantidad de dinero que atraemos está relacionada con el lugar en que nos hallamos y con nuestro nivel de autocstima, ya sea porque creamos merecerlo e independientemente de cuáles sean nuestras expectativas y convicciones. Si *disfrutamos* con lo que hacemos, generalmente obtendremos el dinero que necesitamos. El dinero no será el factor más importante de nuestras vidas. Pero cuanto mayor sea la conciencia de pobreza que hayamos desarrollado, más profundamente experimentaremos la sensación de pasar la vida mendigando.

Investigaciones efectuadas recientemente en los Estados Unidos señalan que todos poseemos un límite subconsciente en relación a la cantidad de dinero que nos hace sentir cómodos. Quien supere su autoimpuesto límite, se deshará del exceso. Al parecer, el dinero se le caerá de las manos: no tendrá capacidad para conservarlo. Puede que obtenga un ascenso en el trabajo, que sus ingresos sean mayores pero los ahorros guardados en el banco a fin de mes no serán más elevados. Considerando, como ya he apuntado, que las experiencias que cosechamos del mundo exterior siempre se acomodan al modelo que tenemos grabado en la mente, una experiencia común (algo verdadero en mi caso) sería que apenas uno siente el alivio de haber pagado la deuda contraída con el banco (o la cuota del coche), suele aparecer el cartero con alguna indeseada sorpresa bajo la forma de una nueva deuda que ha de pagarse.

Convicciones acerca del dinero

Muy poca gente tiene una actitud equilibrada ante el dinero. Bien por ser codicioso, avaro o despilfarrador, puede que nos sintamos avergonzados por poseerlo o deprimidos por carecer de él. Hablar de dinero suele estar mal visto en círculos de gente educada y puede que llegue a ser tan tabú como el tema de la muerte. El dinero es poder, quizá la mayor fuente de poder en el mundo. El dinero "habla". Puede controlar nuestras vidas de una u otra manera. Muy pocos son verdaderos dueños de su dinero, la mayoría se esclaviza a él.

Pon a examen tu relación con el dinero respondiendo al siguiente cuestionario.

Sí — No

• ¿Estás constantemente preocupado acerca de tu situación financiera?
• ¿Crees que todos tus problemas se solucionarían si tuvieras más dinero?
• ¿Mides tu éxito personal según la cantidad de dinero que posees?
• ¿Crees que el dinero es la "raíz" de todos los males?
• ¿Piensas que el dinero "mueve el mundo"?
• ¿Piensas que el dinero está en manos de gente equivocada?
• ¿Crees que mereces ser rico?
• ¿Estás convencido de que nunca *serás* rico?
• ¿Sientes que es molesto tener que hablar de dinero?
• ¿Piensas que la cantidad de dinero que hay en el mundo es limitada y que, si tú tuvieras más, los demás se verían perjudicados?
• ¿Te atemoriza tener que negociar tus honorarios?
• ¿Tienes problemas al solicitar que se te pague el dinero que se te debe?

• ¿Te aborda el pánico cuando recibes una cuenta y no tienes dinero para pagarla?

¿Cuántas veces has respondido afirmativamente?

Como hemos visto, puesto que nuestra energía está siempre constelada de acuerdo a un modelo específico, continúa atrayendo la misma clase de experiencias hasta que modificamos el modelo. En otras palabras, *al cambio interior le sucede el cambio exterior*. Por ello, en tanto uno sigue preocupándose constantemente por el dinero no hace más que profundizar y agudizar la conciencia de pobreza. No sirve más que para empeorar el estado de las cosas. Para de pensar como si fueras un mendigo. En lugar de ello, entrena tu mente para pensar como un emperador. En vez de repetirte, una y otra vez, "no puedo hacer frente a este gasto" y quejarte a tus amigos acerca de los precios, concentra tu energía en crear una realidad nueva basada en la confianza en la Abundancia del Universo y tu derecho inalienable a una porción justa.

Al final de este capítulo hallarás afirmaciones que te ayudarán a cambiar el conjunto de ideas que tienes acerca del dinero y a programar tu subconsciente con perspectivas nuevas y positivas. Fomenta el desarrollo de la conciencia de prosperidad llevando a la práctica el contenido de las afirmaciones en la vida cotidiana. En otras palabras, actúa como si *creyeses en ellas, como si fueran parte de la realidad*. Con el propósito de cambiar, toma un taxi en lugar de hacer cola en la parada del autobús en un día de lluvia, y por último, deja una buena propina. Siéntete bien con lo que has hecho. No pienses en adquirir lo más barato cuando salgas de compras. Si puedes, busca calidad ya sea en alimentos o ropa. Si te valoras a ti mismo los demás también te valorarán. Te sentirás abundante y atraerás abundancia.

El proyecto es anterior al dinero

Durante mucho tiempo he sospechado que el Universo no entiende de dinero. Responde a la creatividad, reacciona a la necesidad. Pero cuando, agobiados por el pánico, pedimos más dinero para sentir mayor seguridad, el ordenador cósmico no registra ningún mensaje. Al parecer está más interesado en "para qué" quieres el dinero, mientras que no le preocupa mucho calmar tu intranquilidad aumentando las cantidades que tienes depositadas en el banco.

Piensa en la madre Teresa, analiza su comportamiento. Sin disponer de dinero propio logra reunir, de la nada, las sustanciales sumas que necesita para sus proyectos. La gente rica hace cola y espera para brindar apoyo a sus proyectos de caridad y sentirse privilegiada por haber podido participar. Nunca mendiga, reza y tiene fe.

La importancia de concentrarse en una meta

Es fundamental que tengas un proyecto claro acerca de lo que quieres crear. La claridad opera como un imán que atrae el apoyo del entorno para llevar a cabo el proyecto. Visualízate a ti mismo realizando dicha acción, visualiza a la gente reaccionando de forma positiva, necesitando o comprando el contenido de tu proyecto. Al concentrarte en el objetivo el proceso se pone en movimiento. (Es más probable que marques un gol si te centras en ti mismo y diriges tu atención hacia el objetivo que si pateas el balón sin propósito alguno.)

No determines *cómo* vas a conseguir el dinero para tu proyecto. Deja dicha tarea para el Ángel Guardián, el destino u otro objeto de creencia. Los ángeles y el destino suelen molestarse ante la presencia de límites y trabas. Si tienes una idea clara, si crees en ella y nadie saldrá perjudicado por lo que deseas crear, da por descontado que se hará realidad tarde o temprano, quizá de una manera que tú no hayas podido imaginar. ¡Actúa con realismo, proyecta para un milagro!

Si quieres lanzar un proyecto del cual estás convencido y requieres dinero para ponerlo en marcha, entonces te sugiero que pongas a prueba la técnica de la Ley Creativa de la página 136. ¡Pero no seas codicioso! Sólo obtendrás aquello que necesites. Si quieres mejorar tu relación con el dinero, y contigo mismo, lee *Creating Abundance* de Andrew Ferguson (Piatkus, 1992).

Afirmaciones útiles para desarrollar una conciencia de prosperidad

El dinero me llega con toda libertad, no tengo que molestarme en obtenerlo.
Siempre tengo la cantidad de dinero que necesito.
Ser próspero me hace sentir completamente a SALVO.
Yo soy el amo del dinero.
El dinero es mi sirviente.
Los demás están felices de mi buena suerte.
Tengo fe en la Abundancia del Universo.

Visualizaciones útiles para desarrollar una conciencia de prosperidad

Imagina que te has convertido en un hombre rico, quizá por buena suerte, o gracias al éxito de tus proyectos.

Siente en tu cuerpo la felicidad de no tener que volver a preocuparte por el dinero. Disfruta de esta sensación la mayor cantidad de tiempo que puedas.

Ahora visualiza con qué fines emplearás tu riqueza.

Sé tu mejor amigo

¿Cómo, por ejemplo, te tratarás a ti mismo y con quién compartirás tu fortuna? Procura ser minucioso. Observa con detalle los lugares que visitarás, los bienes que comprarás y la alegría que podrás proporcionar a aquellas personas que amas.

11. A CARGO DE TU VIDA

Sé como el sol del mediodía.

I Ching

Reconoce tu poder

Estoy convencido de que una significativa parte de los lectores que compraron este libro lo hicieron porque les gustaría tener más confianza en ellos mismos. Puedo comprender sin dificultad dicha actitud, soy uno de aquellos que tuvieron una juventud compleja, atormentado por la timidez y la inseguridad. Desde luego, esta última afirmación no supone que a veces no me *siga* sintiendo tímido, o que me haya librado para siempre de situaciones que me crean inseguridad. La diferencia, sin embargo, es que ahora deseo permitirme expresar lo que siento sin mayores complicaciones o incertidumbres. En otras palabras, puedo *reconocer* cómo me siento sin tratar de cambiarlo.

Existe una diferencia fundamental entre, por ejemplo, estar nervioso antes de un examen o una disertación en público, o creerse un inútil si uno no lo hace a la perfección. Las expectativas desproporcionadas acerca de uno mismo generan una tensión que se manifiesta como falta de confianza. Cuanto mayor sea la exigencia de "perfección", menos libremente fluirá la energía en la actividad que desarrollemos.

No son pocos los que, curiosamente, sienten temor de reconocer su propio poder. La palabra tiene connotaciones poco gratas para nosotros. Al pensar en los políticos, podemos reflexionar sobre sus ansias de poder y su desarrollada capacidad de destrucción, explotación y manipulación de los demás. Quizás, antes que nada, lo asociamos con el egoísmo, la falta de solidaridad. El temor a nuestro propio poder está profundamente arraigado, remontándose a las fantasías infantiles de omnipotencia, el temor de agotar y, finalmente, matar a nuestras madres con una interminable sucesión de exigencias. Y, al volvernos adultos, deferencia y complacencia con la autoridad parecía la mejor fórmula para evitar problemas.

La verdad, sin embargo, es que *todos nosotros somos poderosos*. La Biblia dice que hemos sido creados a imagen y semejanza de Dios, y no hay muchos seres más poderosos que Dios. Somos seres creativos, con libre albedrío y con el poder de tomar las riendas de nuestras respectivas vidas y hacer de ellas la escultura donde se plasman a la perfección nuestros deseos.

Pero también tenemos algo del tigre que, equivocadamente, creyó que era una oveja. Pensaba como una oveja, actuaba y vivía como una oveja. Cierto día descubrió su identidad verdadera cuando un tigre viejo le sugirió que mirara el reflejo de su imagen en el río. El efecto en la falsa oveja fue tan espectacular como la experiencia de la "iluminación". Al ver, por fin, cuál era su identidad verdadera, sufrió una transformación total de su ser. Entonces, surgió de su garganta un rugido poderoso, que anunciaba el descubrimiento de la criatura poderosa y bella que era.

Asumir las responsabilidades

Muy probablemente te preguntes, ¿cuál es el significado de poder en este contexto? Significa saber quién eres en realidad en vez de estar condicionado a actuar de acuerdo a lo que piensas que deberías ser. Significa estar centrado en ti mismo y en contacto con lo que quieres, al mismo tiempo que te permites ir a por ello. Significa tener fe en tu propia fuerza para conseguir lo que deseas, así como en tu capacidad para responder adecuadamente a los retos que se presenten en tu camino. En especial, significa no verte nunca a ti mismo como una víctima. Al responder a los sucesivos desafíos crece la confianza en tu poder –o confianza en ti mismo. No obstante, la mayor parte de nosotros suele llamar problemas a los retos y desearía que se desvanecieran. Nos preocupamos o atemorizamos mientras tratamos de evitarlos, ignorando que la única salida es el camino que pasa "a través" de ellos.

Al reaccionar en lugar de responder, nos colocamos en la posición de ser "efecto" en vez de "causa". Esto significa que nos convertimos en víctimas, y así experimentamos las sensaciones y circunstancias que conlleva la conciencia de víctima: desesperación, *Angst*, resentimiento, estrés, sensación de ¿por qué yo?, y a menudo, "pobre de mí". La lista de sensaciones que podemos experimentar puede ser interminable, desde enfermedad a pobreza. Se convierte en un fenómeno que no podemos controlar, como si fuese la meteorología.

La esencia de ser una víctima se manifiesta en la sensación de no tener otra posibilidad. Las personas con conciencia de víctima disponen de un vocabulario especial que comprende frases como, "No podía hacer otra cosa", "Tú (ellos) me hiciste hacerlo" y así otras tantas. Cuando decimos a nuestro compañero, por ejemplo, "Me haces sentir bien (mal, triste o lo que sea), estamos despojándonos de nuestro poder de autodeterminación en tanto asumimos el papel de víctimas. Nadie más que nosotros mismos tiene el poder de hacernos sentir algo. Nuestros sentimientos son *nuestros* sentimientos. Argumentar en otro sentido constituye una manipulación, habitualmente dirigida a provocar que el otro sienta culpa o pena por nosotros. En suma, somos nosotros mismos quienes escogemos deliberadamente asumir el papel de débiles.

En tanto que nos reservarnos la *opción*, la condición de no víctimas está vinculada con asumir la responsabilidad de nuestra propia experiencia. Debes reconocer (aunque puede ser bastante arduo) que tú has creado de algún modo dicha situación y entonces preguntarte, ¿y ahora qué voy a hacer? Lisa y llanamente, has recuperado tu poder. Lo creado puede deshacerse. Pero primero has de estar preparado para asumir tus responsabilidades.

Mi experiencia me indica que reconocer que *yo* he creado esta confusión sirve, de alguna forma, como alivio mientras que despierta nuestro poder. No hay culpabilizables ni culpables. Tú tampoco eres el culpable. Puede que no hayas comprendido bien, que hayas tomado decisiones erróneas, pero, ¿de qué otra manera habrías de aprender a comprender o tomar decisiones correctas? No es accidental que ahora debas enfrentarte a ciertas dificultades temporales. Cualquier acontecimiento ofrece una lección que aprender y puede ser que ahora sea tu momento para hacerlo. Si rehúsas no haces más que posponer lo inevitable. La vida suele repetirse pero con retos más difíciles y crueles hasta que uno comprende el mensaje. He aquí una enseñanza esencial, no estamos en este mundo para sentirnos más cómodos sino para volvernos más *conscientes*.

Gerald Jampolsky sugiere que existen ciertas palabras y frases que cumplen una función muy determinada: limitar nuestro poder. Presta atención. Algunas de ellas son:

imposible
no puedo
estoy intentando
límite
si sólo
pero
sin embargo
difícil
tengo que
debería
duda
(y cualquier palabra que te sitúe a ti o cualquier otra persona en una categoría, cualquier palabra que tienda a medir o evaluarte a ti o cualquier otra persona,
cualquier palabra que tienda a formular un juicio o una condena a ti o a cualquier otra persona).
(Extraído de *Love is Letting Go of Fear* Celestial Arts, Berkeley, California).

Fritz Perls, fundador de la Terapia Gestalt, acostumbraba a insistir a sus pacientes que intercambiasen el término "pero" por "y". La preposición "pero" suspende una afirmación, mientras que la conjunción "y" la expande. No pocas veces nuestros sentimientos son ambivalentes. Y así nos encontraremos diciendo: "Te amo y a veces eres como un dolor de muela".

Similarmente, usar la expresión "no puedo" hace referencia a nuestra impotencia ante cierta situación en tanto que "no podrá ser" expresa la falta de posibilidad.

Saber lo que deseas

En gran medida, estar centrado, sentirte en contacto con "la fuente" de tu ser y a cargo de tu vida está vinculado con saber qué es lo que quieres, y qué es lo que no quieres. Además, al saber con claridad cuáles son tus deseos, resulta más sencillo satisfacerlos. No malgastas energía en la confusión y los mensajes dobles. Te diriges directamente al objeto de tu deseo, con el propósito de obtenerlo. Pero, es necesario que creas que el objeto de tu deseo es bueno para ti, así como que no suponga perjuicios para los demás. Las ideas que ponen límites a nuestra búsqueda de satisfacción se asientan en la creencia de que los demás nos rechazarán por considerarnos "egoístas" o que nuestro éxito supone que otros "pierdan".

Por ejemplo, la conciencia de pobreza que hemos analizado en el capítulo 10 está estrechamente relacionada con la sensación de víctima. La verdad es que *hay* mucha riqueza a nuestro alrededor. El Universo es Abundante y velar por nuestros intereses, en vez de suponer una conducta antisocial, desahoga a los demás de sentirse obligados a hacerlo por nosotros.

Es fundamental el ser capaz de decir "No", con todas las consecuencias que ello implique, cuando sea necesario. También es importante saber decir "Sí" cuando así lo deseas. Si siempre decimos "Sí", temerosos de expresar un "No", no podemos establecer ninguna frontera (ver capítulo 8). En consecuencia, quizá no agrademos a algunas personas. Pero al menos nos respetarán y sabrán que pueden confiar en nosotros cuando escuchan un "Sí".

Nuestra necesidad de amor incondicional

Por último, hemos de aprender a proporcionarnos a nosotros mismos aquello que necesitamos. La necesidad básica del ser humano es la capacidad de amarse a sí mismo, de sentirse aceptado y amado incondicionalmente. No hay ninguna otra fuente de satisfacción. Pero antes de poder llevar a cabo esta tarea hay que dedicarse a solucionar las situaciones emocionales irresueltas, la "carga personal" del pasado por la cual sentimos que nadie nos puede querer, que no es apropiado estar satisfechos con nosotros mismos, y toda esa clase de basura.

Lo cierto es que, incluso cuando alguien nos ofrece su amor, a menos que desarrollemos el hábito de amarnos a nosotros mismos, no nos daremos cuenta de que tal persona nos ama, no le creeremos o no se lo permitiremos. Amarse a uno mismo es el primer objetivo de todo el proyecto.

Resulta provechoso preguntarse a sí mismo, de vez en cuando, *por qué* no obtenemos lo que necesitamos. Usar el mundo exterior como espejo de la propia realidad brinda a menudo la pista para descubrir cómo se detienen las cosas que se dirigen a uno. Recuerda que recibimos aquello que damos, aunque multiplicado. De ahí que, por ejemplo, si sientes que necesitas una vida emocional más profunda, empieza por amarte a ti mismo. Trata a tu compañero con más ternura y consideración en lugar de desentenderte de sus necesidades. Procura sonreír con más frecuencia, demuestra más interés por la gente y muy probablemente ellos demostrarán más interés por ti. Y, lo más importante, deja de juzgar y establecer comparaciones. Por el contrario, procura entender de dónde parte la opinión de las personas que te ofenden con su comportamiento. Ellos, al igual que tú, actúan impelidos según lo que creen que les hará sentir mejor.

Todos navegamos en la misma barca. La decisión de ofrecer más amor nunca generará arrepentimiento. Cada mañana al levantarte, decide brindar la mayor cantidad de amor que puedas a lo largo del día. Si esta decisión penetra en tu subconsciente, el día ganará en ternura, las dificultades se diluirán y se producirán algunos pequeños milagros. Nada puede suceder sin amor.

La satisfacción de tus necesidades

Estar a cargo de tu vida supone el poder reconocer y satisfacer tus necesidades. Esto implica aprender a manipular el entorno más que a manipular a otras personas. Asimismo, supone tomar mayor conciencia del propio proceso interior y sintonizar con las necesidades reales.

Reflexiona acerca de las subpersonalidades que hemos visto en el capítulo 4. Sería muy autocomplaciente decir que nuestra parte infantil es la que primero siente y expresa necesidades. Desafortunadamente, el Niño Interior no es muy claro al expresar sus necesidades: es probable que manifieste sentirse insatisfecho, que desea *algo*, sin saber en realidad *qué* desea. De allí que pueda empezar a regañar, reclamar atención, quejarse, volverse irritable y displicente, como si se tratase de un niño real. En el plano subjetivo, es posible que experimentemos una sensación de inquietud, depresión, desolación o irritabilidad. ¿Cómo podemos estar al frente de nuestras vidas si desconocemos lo que deseamos?

La función primaria del Padre Interior consiste en proteger al Niño Interior, su bienestar e intereses así como velar por su alimentación. Aquellos de nosotros que hemos tenido la suerte de tener padres responsables, consecuentes y, en especial, que estaban *allí* junto a nosotros, puede que hayamos interiorizado dicho mensaje y desarrollado un Padre Interior capaz y compañero. Pero si los padres de la vida real eran demasiado estrictos, contenidos o ausentes, resultará mucho más difícil para el Niño Interior sentirse *atendido* y satisfecho.

Identificar y comprender las propias necesidades así como arriesgarse a pedir sin tapujos su satisfacción constituyen dos principios básicos. Puede que lo hagas como puede que no. Pero, al menos, tener el valor de expresarlas supone un ejercicio de autovalidación y fortalece la sensación de tu identidad e individualidad. Como escribía San Mateo (7, 7) "Pide y te será otorgado". De nada sirve asumir que los demás sabrán automáticamente lo que necesitas: en general, no lo saben.

La afirmación contra la agresión

Cuando hayas decidido qué es lo que deseas pedir, recuerda la diferencia existente entre ser enérgico y agresivo. Tendemos a pedir de forma agresiva si creemos que no lo podremos conseguir o sentimos que en realidad no lo merecemos. Esto suele generar un efecto negativo en el interlocutor, a nadie le gusta sentirse presionado o acosado. Tienes más probabilidades de obtener lo que deseas si la energía que dedicas a la petición es firme y digna, en tanto te expresas desde una posición en la que predomina la sensación de que "desde luego yo merezco esto". En suma, sientes que tienes el control de tu vida y tus necesidades.

Necesidades y deseos

Siempre conseguiremos lo que necesitamos. Puede que no siempre obtengamos lo que deseamos. Formamos parte de un Todo que nos ha cedido la existencia porque quería que estuviésemos aquí. Nos alimenta, nos apoya. Dicho

Todo atiende nuestras necesidades (las súplicas de las oraciones) pero no está interesado en nuestros caprichos con relación al dinero y al poder.

La diferencia entre necesitar y desear es similar a la diferencia entre tener una preferencia o ser adicto. Tú conservas el control cuando buscas satisfacer una necesidad, o expresar una preferencia. Los deseos y las adicciones, en cambio, te cogen del pescuezo y te arrastran a su vorágine. Cuanto más consigues, sientes que debes tener aún más.

Uno de los efectos de la "sociedad de consumo" en la que estamos inmersos y del bombardeo publicitario que la nutre, es la confusión e incertidumbre que envuelve las necesidades reales. ¿Necesitamos en realidad la nueva lavadora (coche, alfombra, traje) que vimos en la tele ayer por la noche? ¿O solamente nos hará sentir más tranquilos con nosotros mismos porque así no nos sentiremos menos que el vecino que sí lo tiene? De ser así, no es más que otra muestra de lo que hemos visto en el capítulo 6 donde indicamos la necesidad de "cubrir la brecha", el vacío interior, atiborrándonos de objetos materiales.

La Ley Creativa

Una vez que has identificado con claridad aquello que en realidad necesitas, en oposición a lo que meramente deseas, las ruedas universales echan a andar para crear las condiciones necesarias. La Ley Creativa es una forma de llevarlo a cabo. Se trata de una estructura que te demuestra, paso a paso, cómo atraer aquello que necesitas. Al fin y al cabo, la Ley Creativa constituye un medio para asumir la responsabilidad de satisfacer tus necesidades y adquirir confianza en que tienes la capacidad para hacerlo.

Los preparadores mentales del método Silva (una forma

de control mental inventada por José Silva) recomiendan seguir los siguientes pasos con el propósito de acelerar el proceso de consecución de los objetivos buscados. Es necesario:
1: un propósito claro y definido;
2: fe en que su consecución ya está en camino;
3: expectativas muy intensas;
4: gratitud cuando se manifiesta.
Trata de observar estos pasos. En el siguiente ejemplo hemos imaginado que necesitas un apartamento nuevo, pero puedes adaptar los pasos aplicándolos a aquello que realmente necesites.

Paso 1

Decide con *exactitud* qué deseas que se manifieste en tu vida. Procura hacerlo con sumo detalle y establece un límite de tiempo en el cual quieras que suceda. Por ejemplo, si necesitas un apartamento nuevo, decide cuántas habitaciones necesitas, en qué zona estará, qué piso será, si tendrá terraza o jardín, etc. Imagina detalladamente el lugar. No te olvides de pensar en el precio, de lo contrario puede que te ofrezcan el piso que deseas pero a un precio que desborde tus posibilidades. Sé categórico en cuanto a lo que realmente quieres, puesto que se manifestará y entonces quizá quedes atado a él. Recuerda que una vez que se haya manifestado en el plano material es más difícil eliminarlo. No especifiques *cómo* se producirá –deja esta tarea en manos de tu Ángel Guardián, el destino o quien sea (mientras tanto prepárate para las sorpresas). Por último, asegúrate de que nadie se vea perjudicado o dañado por la materialización de tu creación.

Paso 2

Imagina que estás escuchando una conversación entre dos de tus amigos en la cual hablan acerca de tu buena suerte y el éxito que has obtenido. ¿Qué están diciendo?

Paso 3

Imagínate comunicando a alguien las buenas noticias y recibiendo sus felicitaciones.

Paso 4

Trata de sentir en tu cuerpo que el apartamento nuevo se ha hecho realidad. Imagínate allí instalado y experimenta el bienestar que sientes.

Paso 5

Expresa tu agradecimiento al Universo por atender a tus necesidades.

Paso 6

Cuando sientas que has terminado y la energía empieza a abandonar tu visualización, coloca el apartamento nuevo en un globo y contempla cómo asciende y se pierde en el cielo.

Paso 7

A partir de este momento asume que lo único que media entre tu creación mental y su manifestación en el mundo material es el tiempo. Por ejemplo, comienza a buscar empresas de mudanzas en las páginas amarillas, pide presupuestos, piensa en colores, etc.

No te jactes de lo que has hecho ante otras personas. La Ley Creativa no es para alimentar el exhibicionismo del ego. Se trata, más bien, de algo similar a la oración. Todos poseemos el poder de crear, y todo el tiempo estamos creando. Sin embargo, algunas personas, para bien o para mal, se desentienden de sus creaciones.

Afirmaciones útiles para conservar el control sobre la propia vida

Tengo el poder de crear lo que deseo para mí.
Soy un ser poderoso, capaz, creativo y exitoso.
Tengo absoluta confianza en mi capacidad.
La gente me quiere y me respeta porque soy fuerte y sé lo que quiero.
Sé que puedo y sé que lo haré.
Está bien que obtenga lo que quiero.
Está bien que diga "No".
Me merezco momentos de satisfacción en la vida.
Ahora gano todo el tiempo.
Todo lo que hago sale a la perfección.
Sentirme a cargo de mi vida me hace sentir totalmente a salvo.

Visualizaciones útiles para conservar el control sobre la propia vida

Vencer la angustia

(Emplea esta visualización cuando sientas angustia ante los retos que has de enfrentar, por ejemplo un examen, una entrevista de trabajo, una disertación en público, etc.)

Visualízate detalladamente realizando la actividad en cuestión, por ejemplo, escribiendo el examen, sentado frente al entrevistador, etc. ¿De qué habláis? ¿Cuáles son las preguntas? Experimentas en tu cuerpo la sensación de confianza, la satisfacción de que todo marcha bien. Te formulan preguntas que puedes responder con tranquilidad, u ofreces una charla interesante e ingeniosa que despierta el interés y hace reír y disfrutar al auditorio.

Termina la visualización imaginando los resultados de

tu actividad, por ejemplo recibiendo las calificaciones de los exámenes (naturalmente una distinción), la carta de tu nuevo empleador invitándote a trabajar con él, estableciendo los términos del contrato (mejores condiciones de las que esperabas) o recibiendo los elogios por tan brillante disertación. Ah, no olvides de felicitarte por el buen trabajo realizado.

Mayor claridad
(Emplea esta visualización para ganar claridad en tus ideas al tener que tomar una decisión.)

Imagínate que te encuentras en el campo. Hace un día claro, soleado, muy bonito. Caminas por una pradera y cruzas un arroyo por un viejo puente de madera. Te diriges a una cabaña en donde vive una mujer mayor que, según tus amigos, es sabia y puede ayudarte en tus problemas.

Por fin llegas a la cabaña que se levanta junto a la orilla del arroyo. La puerta está abierta. Entras y ves a una mujer mayor sentada en una mecedora. Tiene una expresión tierna y amable e intuyes que posee una vasta experiencia sobre la vida. Ella te ha estado esperando y te saluda como si te conociera. Sientes que la has conocido en algún otro lugar, e instintivamente sientes que puedes confiar en sus consejos.

Ella te dice, ¿cuál es tu pregunta?, y tú, sin dificultad, se la formulas.

¿Cuál es su respuesta?

EPÍLOGO: SER QUIEN
REALMENTE ERES

Tú eres ESO.

Bhagavad Gita

Al hablar acerca del amor a sí mismo, ya sea en la radio o en una entrevista para una publicación, en algún momento terminan formulándome, inevitablemente, la misma pregunta. Con extrema seriedad, el presentador o el periodista, dice: "Pero si uno se amase a sí mismo como usted dice, ¿no se volvería extremadamente egoísta? ¿No es importante también *dar*?.

Ahogando una queja interior, les recuerdo que uno sólo puede dar cuando tiene algo para dar. Si primero no te das a ti mismo, ¿qué posibilidad puedes tener de dar algo a los demás? Uno se convierte en un mendigo, hambriento, exigente y desesperado.

No obstante, su pregunta es comprensible. Todos hemos sido condicionados para no amarnos a nosotros mismos sino para estar a disposición de otros (piensa en la codependencia). Si realmente pudiéramos hacerlo, quizá no sería tan negativo. El mundo podría ser un lugar de mayor felicidad, a expensas de la propia felicidad personal. Pero nuestra primera tarea es hacernos felices a nosotros mismos. Al alcanzar dicho estado, nuestra alegría nos desborda e influye en el entorno, y no sólo afecta a otras personas sino también, según estudios científicos, a las plantas. Todos formamos parte de un Todo y al celebrar el hecho de estar vivos, toda la existencia se apresta a hacerlo junto a nosotros.

No es sencillo, sin embargo, celebrar cuando uno se siente atemorizado. Puede que la paranoia constituya el problema más serio de los tiempos que corren: el miedo a la escasez nos vuelve explotadores, acaparadores, competitivos y avaros; el miedo entre las naciones, que subyace detrás de argumentos como el agotamiento de los recursos, da vida a las más descabelladas nociones de "defensa"; el temor a los hombres que inundan de violencia las calles de las ciudades.

El temor ha alcanzado niveles jamás conocidos, el planeta nunca había estado bajo la amenaza de la destrucción de la capa de ozono, la contaminación de ríos y mares, el "efecto invernadero" y la siempre presente posibilidad del holocausto nuclear.

De poco han servido los políticos para calmar nuestras inquietudes. De hecho, los llamados líderes están más ocupados en alimentar, en lugar de atenuar, nuestra paranoia. Sólo les interesa su imagen pública y reunir mayor cantidad de votos, mientras Roma está en llamas ellos siguen ocupados en sus trapicheos. La supervivencia del mundo poco puede esperar de quienes se dedican a "hacer política".

Una transformación drástica es la única solución que puede salvarnos de la extinción. Es necesario transformar las conciencias, dejar los modelos tribales en aras de una perspectiva global, poder comprender que tenemos poder para crear el cielo o el infierno aquí y ahora, y asumir entonces las responsabilidades correspondientes. Hemos de ser más sensibles, percibir la interconexión de todos los entes vivientes y nuestra propia interdependencia. En especial, necesitamos respetarnos más el uno al otro y respetar los ámbitos animal y vegetal que tanto colaboran para conservar la vida.

Nuestra madre Tierra está gimiendo. Está dolorida y necesita todo el apoyo que le podamos ofrecer. Se han acabado los tiempos en los que dábamos por descontado que nos ofrecería alimento y refugio: ella, por sí sola, tiene suficientes problemas. Hemos de solucionarnos la vida por nuestra propia cuenta.

La Era de Acuario

Los astrólogos han afirmado que el mundo está abandonando la Era de Piscis para entrar en la Era de Acuario. Ello supone que todos nosotros hemos de dedicarnos y esforzarnos por tomar mayor conciencia y asumir la responsabilidad de la energía que liberamos en el mundo. Ya no podemos seguir depositando la confianza en maestros, grupos, o tribus. Mal que nos pese, nos hemos quedado solos.

Ya somos muchos los que hemos comenzado a poner en práctica estos principios. Ya hemos sido testigos de las señales de peligro, y los más reflexivos no pueden esconder la inquietud que les provoca dicha visión. Así, quizás algunos colaboren con organizaciones como Greenpeace o Amnesty International, quizá otros respondan a las llamadas de solidaridad en ayuda de la inmensa masa de seres humanos –hombres, mujeres y niños de todo el mundo– hundidos en la tragedia y necesitados de asistencia. Y esto, me parece, es bueno.

Sin embargo, no es suficiente. Es necesario dirigirse hacia la transformación total de uno mismo, la evolución de una conciencia nueva que hará de la violencia, ya sea entre los hombres o contra nuestro maravilloso planeta, algo inpensable.

Pero, ¿cómo habrá de surgir dicha Conciencia de la Nueva Era? La respuesta radica en asumir la responsabilidad inherente, trabajando con paciencia para desarrollar la conciencia y la ternura. El resto vendrá por añadidura. Se expanderá. Como dijo Lao Tze: "Ama el mundo como si fueras tú mismo; entonces podrás realmente interesarte por todas las cosas" (*Tao Te King*, 13).

Las atrocidades que hoy en día se cometen en nombre de Dios, en nombre de la religión –supuestamente la Luz del Mundo– no pueden más que arrancar las lágrimas del Creador del Universo. En algunos lugares, el mundo está sumido en las tinieblas puesto que la perversión de lo mejor genera las peores consecuencias.

"Sé una luz para ti mismo"

Las últimas palabras pronunciadas por Buda a su hermano Anand fueron, "Sé una luz para ti mismo". Toda su enseñanza estuvo basada en la búsqueda de la Iluminación, que simplemente significa saber quién eres. Y saber quiénes somos realmente supone darse cuenta de la propia divinidad –y de la de los demás– así como de la relación con el Todo, que no es más que nuestro hogar.

Un relato habla de cierta persona que había sido invitada a un bautizo. La invitada resultó ser una bruja malvada que susurró al oído del niño: "Tú eres especial". La moraleja de la historia es que como resultado de la intervención de la bruja todos tratamos desesperadamente de vivir de acuerdo a sus palabras.

Pero, de hecho, la vieja bruja sabía algunas cosas. La verdad es que *somos* especiales. O todos lo somos o nadie lo es. Todos nosotros, cada uno de nosotros, es único, especial, maravilloso y *magnífico*. Y TÚ eres uno de nosotros.

Amor, paz y alegría.

BIBLIOGRAFÍA RECOMENDADA

Ferguson, Andrew, *Creating Abundance*, Piatkus Books.

Gawain, Shakti, *Creative Visualisation*, Bantam Books. [Traducción al castellano: Ed. Sirio, Málaga].

— *Living in the Light*, Whatever Publishing.

Hay, Louise, *You Can Heal Your Body*, Eden Grove. [Traducción al castellano: Urano, Barcelona].

— *You Can Heal Your Life*, Eden Grove. [Traducción al castellano: Urano, Barcelona].

Jampolsky, Gerald, *Love is Letting Go of Fear*, Celestial Arts.

Jeffers, Susan, *Dare to Connect*, Piatkus Books.

— *Feel the Fear and Do It Anyway*, Arrow.

Proto, Louis, *Meditation for Everybody*, Penguin.

Siegel, Bernie, *Love, Medicine and Miracles*, Century Hutchinson. [Traducción al castellano: Urano, Barcelona].

Simonton, Carl y Stephanie, *Getting Well Again*, Bantam Books.

Stafford, David y Hodgkinson, Liz, *Codependency*, Piatkus Books.

SUMARIO